信号器材原理与检修·转辙机

冷洪波　刘汉军　刘明哲◎主编
李振武　刘希贤◎主审

中国铁道出版社有限公司

2024年·北京

内 容 简 介

本书为“信号器材原理与检修”分册之一。全书共八章，分别从结构、原理和检修方法等方面对 ZD6 型电动转辙机、ZD7 型电动转辙机、ZD(J)9 系列电动转辙机、S700K-C 型电动转辙机、ZY(J)7 型电液转辙机、ZK4 型电空转辙机进行介绍。书中充分融入了编写者多年转辙机检修经验，实用性强，是检修基地新老职工维护经验的传承。

本书可作为电务段信号检修基地干部职工日常学习、转辙机检修的指导教材，也可作为干部职工进行现场设备维护的参考用书。

图书在版编目(CIP)数据

信号器材原理与检修. 转辙机/冷洪波，刘汉军，刘明哲主编. —北京：中国铁道出版社有限公司，2023.10（2024.4 重印）

ISBN 978-7-113-28009-3

Ⅰ.①信… Ⅱ.①冷… ②刘… ③刘… Ⅲ.①电动转辙机-理论②电动转辙机-检修 Ⅳ.①U284.7

中国版本图书馆 CIP 数据核字(2021)第 104717 号

书　　名：信号器材原理与检修・转辙机
作　　者：冷洪波　刘汉军　刘明哲

责任编辑：徐　清　　**编辑部电话：**(010)51873147　　**电子邮箱：**357716058@qq.com
封面设计：曾　程
责任校对：苗　丹
责任印制：赵星辰

出版发行：中国铁道出版社有限公司(100054，北京市西城区右安门西街 8 号)
网　　址：http://www.tdpress.com
印　　刷：北京盛通印刷股份有限公司
版　　次：2023 年 10 月第 1 版　2024 年 4 月第 2 次印刷
开　　本：787 mm×1 092 mm 1/16　**印张：**6.75　**字数：**154 千
书　　号：ISBN 978-7-113-28009-3
定　　价：52.00 元

前　言

铁路信号设备是指挥列车运行，保证行车安全，提高运输效率，改善行车组织方式，实现行车指挥现代化的关键设施。铁路信号器材是铁路信号设备的重要组织部分，铁路信号器材的入所修质量决定着铁路信号设备上道后运用质量。为了提升铁路信号器材的入所修质量，解决电务段信号检修基地干部职工日常学习和器材检修缺乏指导教材的问题，中国铁路沈阳局集团有限公司电务部组织编写《信号器材原理与检修》。

《信号器材原理与检修》包括《信号器材原理与检修·信号继电器》、《信号器材原理与检修·信号器材》、《信号器材原理与检修·转辙机》三个分册，是本着实用、实效的原则，在遵循铁路信号维护规则的基础上，结合中国铁路沈阳局集团有限公司各电务段继电器、器材、转辙机入所修工作实际编写。本书充分融入编写者多年信号继电器、信号器材、转辙机检修经验，语言通俗易懂，实用性强，填补了信号器材检修维护方面的空白，是电务段信号检修基地干部职工日常学习、器材检修的指导教材，是电务段信号检修基地新老职工维护经验的传承，也是从事信号专业维护管理的干部职工进行现场设备维护的参考用书。

《信号器材原理与检修·转辙机》共八章，对铁路信号现场所使用的 ZD6 型电动转辙机、ZD7 型电动转辙机、ZD(J)9 系列电动转辙机和 S700K-C 型电动转辙机、ZY(J)7 型电液转辙机、ZK4 型电空转辙机、密贴检查器，从结构、原理和检修方法等方面依次进行了系统叙述。

本分册由冷洪波、刘汉军、刘明哲主编，李振武、刘希贤主审。参加编写的还有李德友、王振波、张旭生、陈辉、马玉琢、邓铁、敬军、沙敬伟、李家庆、赵贵林、谭德印、马晓光、康国营、于忠革。

本书编写过程中得到中国铁路沈阳局集团有限公司职工培训部、电务部、各电务段和高铁基础设施段领导的帮助和支持，特表示由衷的感谢。

由于编者水平有限，书中难免存在不足及疏漏之处，恳请大家给予批评指正。

编　者

2023 年 6 月

目　录

概　　述

一、转辙机用途及基本要求

（一）转辙机的用途

转辙机是主要用于转换道岔，改变道岔开通方向，在尖轨与基本轨密贴后，将道岔锁闭在规定位置，并给出道岔正确表示的一种基础信号设备。由于其转换对象是道岔中的尖轨、辙叉中活动心轨、可动翼轨和脱轨器等，都是直接影响行车安全的设备，因此要求使用必须安全可靠，当设备发生故障时须实现“故障—安全”。

（二）转辙机的基本要求

1. 转辙机转换力大于所转换道岔的阻力，能可靠地转换道岔。在尖轨与基本轨密贴后，将道岔锁闭在规定位置，并给出道岔相应位置的表示。

2. 转辙机要满足道岔转换的动程。

(1)尖轨或心轨的动程。

(2)密贴调整杆的空动距离(外锁闭道岔应包括尖轨解锁和锁闭的动程)。

(3)转辙机牵引尖轨应有一定的密贴力密贴于基本轨。

3. 正常转换道岔时，挤切销或保持联结装置应保证不发生挤切或挤脱。当道岔被挤时，同一组道岔上转辙机的表示接点必须断开，非经人工恢复不得接通道岔表示。

4. 安全接点应接触良好。在插入手摇把时，安全接点应可靠断开，非经人工恢复不得接通电路。

5. 齿轮装置的各齿轮间啮合良好，传动不磨卡，无过大噪声。

6. 各种类型的电液转辙机油路系统不得出现渗漏和堵塞现象。

7. 整机密封性能良好，能有效防水、防尘。手摇把和钥匙孔处不漏水，不进尘土，机内无积水、粉尘及杂物。各种零部件无锈蚀。

8. 机内配线的接线片和接线端子的螺母无松脱、虚接和滑扣现象，配线的绝缘层无破损。

9. 多机牵引的道岔使用不同动程的转辙机，应满足道岔同步转换的要求。

10. 凡用于正线道岔尖轨、心轨第一牵引点的转辙机，表示杆(锁闭杆)必须具备锁闭功能。

二、转辙机分类

（一）按动能和传动方式分

1. 电动转辙机

以电动机为动力源，通过机械传动动能来转换道岔的转辙机称为电动转辙机。

2. 电液转辙机

以电动机为动力源，通过液压传动动能来转换道岔的转辙机称为电液转辙机。

3. 电空转辙机

通过电动控制以空气传动动能来转换道岔的转辙机称为电空转辙机。

(二)按供电电源种类分

1. 直流电动转辙机

直流电动转辙机采用直流 160 V 或 180 V 电源，使用直流串激电动机。直流串激电动机的优点在于启动转矩高，电动机拖动特性好，适合牵引道岔，因为当负载变大时，电动机能通过降低转速而获得更大的转矩，具有软特性。

2. 交流电动转辙机

交流电动转辙机采用 380 V 三相交流电源，使用三相交流感应电动机。交流电动机的缺点在于特性较硬，转速变化小，电压降低后易烧损电动机；优点在于不存在换向器及碳刷，因此故障率低，而且单芯电缆控制距离比直流电动机高出很多，三相电动机生产工艺简单，生产成本低，另外从无维修及少维修的角度出发，以交流电动机为动力源是今后的发展方向。

(三)按锁闭道岔的方式分

1. 内锁闭转辙机

通过转辙机内部的齿条块锁闭圆弧与主轴锁闭齿轮圆弧配合起到锁闭道岔功能，锁闭装置在转辙机内部称为内锁闭转辙机。内锁闭转辙机依靠转辙机内部的锁闭装置完成对道岔尖轨的锁闭功能，是间接的锁闭方式，锁闭可靠程度差，列车通过时产生的冲击力对转辙机的损伤大，主要用于列车运行速度不大于 120 km/h 的线路上。

2. 外锁闭转辙机

通过转辙机外的钩锁装置将密贴尖轨与基本轨锁闭在一起的转辙机称为外锁闭转辙机。外锁闭装置锁闭可靠，列车通过时所产生的冲击和振动几乎传不到转辙机上，对转辙机损伤小。

(四)按是否可挤分

1. 可挤型转辙机

可挤型转辙机在转辙机内部设有挤岔保护装置，当道岔被挤时动作杆处于解锁状态，保护转辙机不受损。

2. 不可挤型转辙机

转辙机内部不设挤岔保护装置，道岔被挤时，能挤坏动作杆及与动作杆相连接的机内部件，会对转辙机产生损伤，挤岔后需要更换转辙机。

(五)按转换速度分

1. 普通动作转辙机

普通动作转辙机主要用于列车运行的线路上。

2. 快动转辙机

快动转辙机主要用于驼峰场进行溜放作业的线路上。

三、转辙机常用技术名词及转辙机代号的含义

(一)转辙机常用技术名词

1. 动作电流

道岔解锁后，尖轨由一侧位置向另一侧位置转换途中电动机输出的工作电流。

2. 锁闭电流

道岔转换终了前，电动机为克服尖轨与基本轨密贴时的阻力而输出的工作电流。

3. 摩擦电流

道岔转换过程中因故卡阻而无法正常转换时电动机输出的工作电流。

4. 转辙机动程

转辙机由一个位置转换到另一个位置时动作杆所走行的距离。

5. 转辙机开向

转辙机上动作杆伸出的方向。转辙机开向与转辙机在现场的安装方向相反，面向尖轨，转辙机在线路左侧安装的称之为右开，反之为左开。

（二）转辙机代号的含义

转辙机的型号及所代表的含义如下：

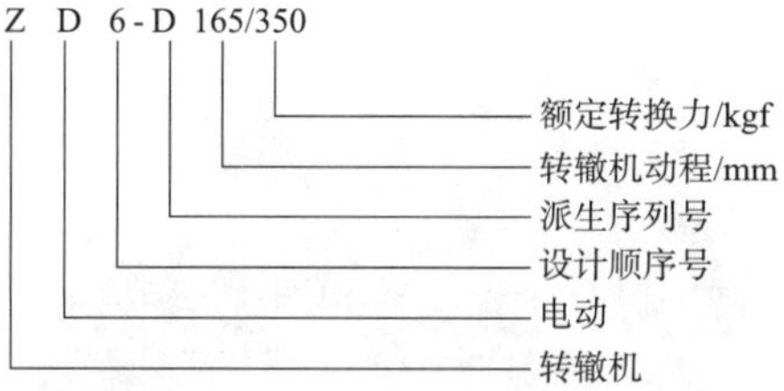

四、转辙机入所修组织与管理

转辙机检修的目的和要求：转辙机在现场运用到一定时间后，转辙机内部的各机械联动部件会产生不同程度磨耗，电气部件出现老化，绝缘下降，各金属零部件会发生不同程度的疲劳、氧化及变形等，设备正常运用的稳定性下降。

上述问题的克服单纯靠现场日常维护是无法实现的，为了保证设备安全可靠运用必须进行入所检修，通过入所检修和修配使设备各部件机械强度和配合情况恢复到良好状态，设备的电气特性和机械强度均达到相关技术标准要求。

检修基地车间负责管理全段管内的各种型号转辙机。

第一章　ZD6 型电动转辙机

第一节　ZD6 型电动转辙机结构

ZD6 型电动转辙机由电动机、减速器、自动开闭器、主轴、动作杆、表示杆、移位接触器、底壳及机盖等九部分组成，如图 1-1-1 所示。

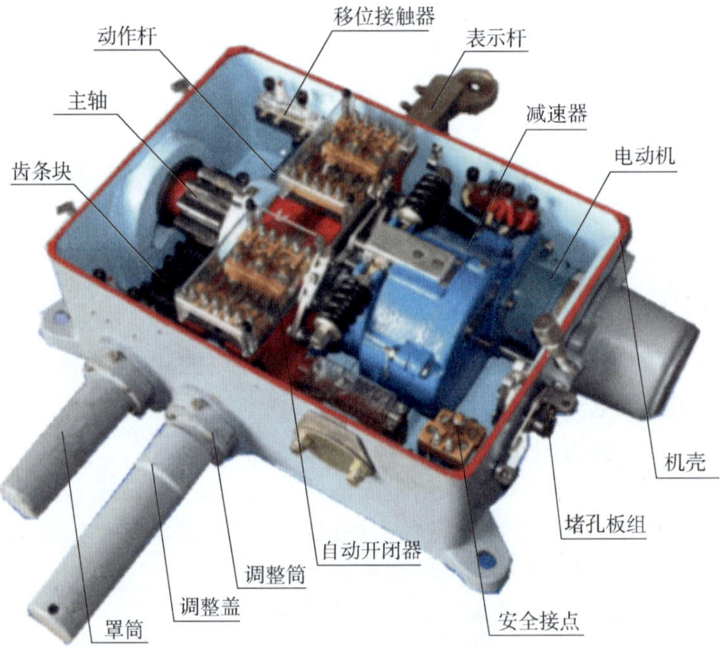

图 1-1-1　ZD6 型电动转辙机结构

一、电 动 机

(一)电动机的结构

电动机的作用是将电能转换成机械能，实现通过远程操纵控制道岔转换。

ZD6 型电动转辙机使用的是直流串激电动机，其主要由定子、转子、机体、碳刷及前后端盖等部件组成，如图 1-1-2 所示。

定子是产生电动机磁场的部件，定子线圈通过磁极固定在电动机的机体上，机内共有两个定子绕组，每个绕组都是由两个并联绕制的线圈组成，每个方向各用一半绕组分别接入电动机正反转电路中，由于每个方向各用一半绕组，使电动机通电时产生的磁通更均匀，电动机的效率也更高。

转子是电动机通电后在磁场的作用下进行旋转的部件，相当于一个通电的导线，其旋转方向可通过左手定则进行判断。转子上的换向器与电动机的两个碳刷接通构成通电回路，转子通过转子轴上前后两个轴承固定在电动机的前后端盖上。

电动机的前端盖上装有两个刷握，刷握通过绝缘材料黏合在前端盖的左右两侧。检修电动机时需要检查左右两个刷握是否在电动机中性线上，刷握的中线应穿过转子的圆点，这样可以保证电动机的正反转特性接近，主要通过特定的塞规对刷握中线进行测试。

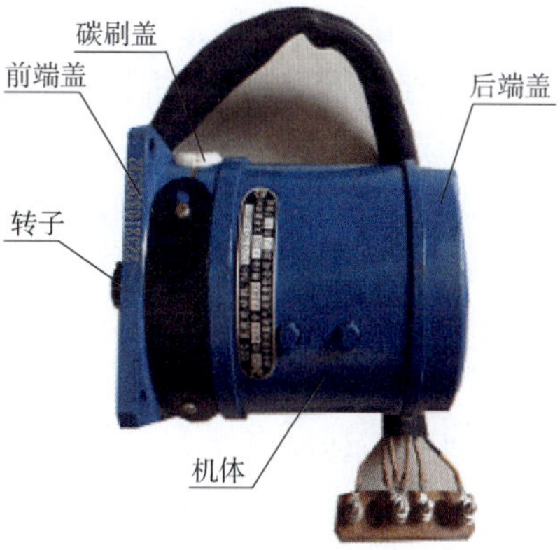

图 1-1-2　电动机负载特性

（二）电动机的机械特性

直流串激电动机转速与转矩的关系为 $n=f(M)$。电动机与负载特性的关系如图 1-1-3 所示，电动机接线如图 1-1-4 所示。

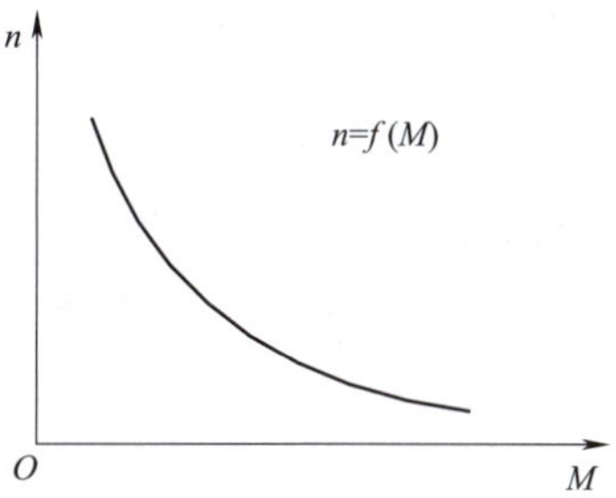

图 1-1-3　电动机负载特性

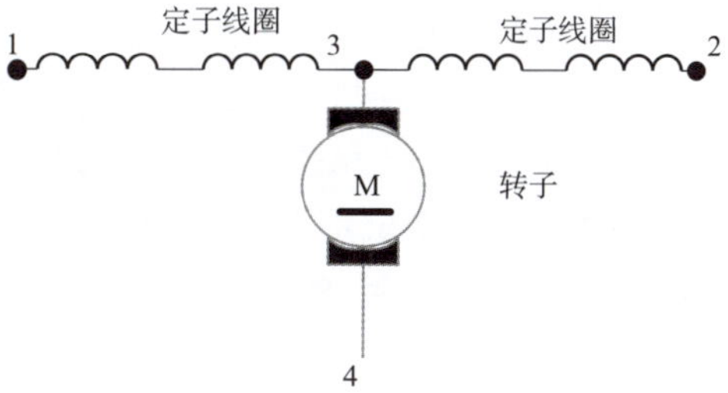

图 1-1-4　电动机接线图

从图 1-1-3 中可以看出电动机的转速与电动机输出转矩的关系，直流电动机在转动过程中，当负载减轻，即转矩变小时，电动机的转速会升高；当负载变大时，电动机的转速会降低，这一特性称为软特性。适合于牵引道岔，因为不同的道岔需要不同的转换力，即使同一道岔也会因为温度和日常养护的原因使道岔转换力发生较大变化，同时直流串激电动机还具有较大的过载能力，电动机不会因为道岔卡阻而烧毁。

（三）电动机的电气特性

电动机为串激可逆，短时工作制，其电气参数应符合表 1-1-1 的要求。

表 1-1-1　直流电动机电气参数

项　　目	型　号				
	DZG	ZDG-Ⅲ	DZB	ZDF-1	ZDF-2
额定电压(V)	160				
额定电流(A)	≤2.0				
转速(r/min)	≥2 400				
额定转矩(N·m)	0.882 6(0.09 kgf·m)				
短时工作输出功率(V·A)	≥220		≥250		
单定子工作电阻(20 ℃)(Ω)	(2.65±0.14)×2	(2.85±0.14)×2			
刷间总电阻(20 ℃)(Ω)	5.1±0.245	4.9±0.245			
注：应在额定电压、额定转矩条件下测量电流、转速。					

（四）直流电动机主要检修标准及检修注意事项

1. 外观检查：检查机体外观有无裂纹和破损，检查电动机引线状态良好无破皮、磨卡现象，线号标记清晰，线环焊接良好，无假焊情况。

2. 碳刷牌号检查：目前碳刷常用牌号为 J201 和 J204 的石墨金属碳刷，同一台电动机使用的碳刷牌号要求一致。石墨金属碳刷优点是密度高，耐磨性好，碳粉少，使用寿命长；缺点是碳刷过硬会加速换向器表面的磨耗。

3. 碳刷长度检查：碳刷长度出所时要求不小于 13 mm，现场使用时碳刷长度不小于碳刷全长的 3/5，实际掌握不少于 9 mm。为了方便现场能直观检查碳刷使用磨耗是否到达 9 mm 的极限位置，在距离碳刷根部 10 mm 处画有黄色标线。当现场发现碳刷磨耗到标线位置时需要及时更换电动机，防止因碳刷变短造成电动机接触不良。

4. 碳刷上铜线和托片检查：碳刷拆卸时应做好标记以便能做到原刷回原位，检查碳刷铜线无断股，铜线与托片间焊接牢固，无脱焊情况。

5. 碳刷弹簧弹力检查：检查两碳刷弹力基本一致，弹簧长度为 48 mm，当弹簧被压缩到 23 mm 时，测量其弹力应不低于 2.32 N。

6. 碳刷与刷握配合情况检查：在安装转子前进行全通过性检查，碳刷要求在刷握内上下全程动作不卡阻，但也不能过量旷动，旷动量过大会使接触面变小，电动机工作时火花增大。碳刷在刷握内宽度间隙要求不大于 0.15 mm，厚度间隙不大于 0.1 mm，安装后该间隙可用塞尺进行测量。

7. 换向器整修：换向器直径为 44 mm，由 30 个铜排和 30 个云母片组成，检查换向器直径低于 41 mm 时应报废，检修中发现换向器表面不平时，可使用机床对换向器表面进行处理，当换向器表面有轻微氧化和烧灼痕迹时可使用专用转子打磨机具进行打磨抛光处理。换向片间云母槽可使用专用剔槽工具进行整修，整修后的云母槽深度应达到 0.3～0.5 mm，宽度应在 0.8～1 mm 间。测试转子相邻换向片间电阻应为 0.7～1 Ω，如果电阻过大或为零可判断电动机转子有断线和短路故障，使用兆欧表对转子绕组进行绝缘测试，转子绕组对地绝缘不小于 25 MΩ，转子绕组与换向片通过锡焊和点焊工艺进行连接，检修时注意检查转子绕组处有无裂纹，重点检查焊接处情况，发现严重裂纹时需报废处理。

8. 碳刷与换向器接触面积检查：碳刷与换向器表面接触面积要求不小于 3/4，由于加工工艺原因，左右两个刷握与电动机换向器表面相对位置存有一定偏差，为了使碳刷与换向器表面接触面积达到最佳，建议在碳刷拆卸时做好标识，以便检修后能安装回原有刷握内。

9. 刷握检查：刷握安装牢固，使用塞规测量两刷握在一条直线上，且中心线与转子的中心线相垂直。

10. 转子轴承整修：检查轴承转动灵活，无锈蚀，砂架良好无裂纹。用一只手捏住外圈，另一只手捏住内圈转动轴承，检查轴承旷动量，有微量旷动或无旷动为合格。检查后轴承涂甘油，涂油量为轴承空间的 1/3。

11. 定子整修：检查定子防护绝缘良好，磁极固定牢固。出厂时定子位置已调整好，不建议现场检修时进行拆卸，以免安装后出现转子扫膛的缺陷和磁极卡定子引发绝缘不良隐患。

12. 安装小齿轮：检查小齿轮无裂纹，齿间无严重磨耗，安装应做到原机回原位，齿轮与转子轴间应做到过盈配合，键作用良好，齿轮安装后牢固不松动。

13. 组装后检查：转子转动不扫膛，转子轴向窜动不大于 0.5 mm，如窜动超标可在端盖和轴承间加装垫片消旷；转子径向跳动不大于 0.1 mm，对径向跳动超标的转子需要报废处理。组装时注意碳刷盖不可过度紧固，以防止碳刷盖长期在应力作用下碎裂引发设备故障。

对组装合格的电动机在电动机综合测试台上进行电动机绝缘电阻、定子电阻、刷间电阻测试以及负载试验。负载试验是指在额定电压、额定负载条件下检查电动机换向火花是否在允许范围内，转速、功率、电流等是否符合技术标准的综合特性试验。电动机火花要求不大于 1/2 级（即碳刷边缘大部分或全部有轻微火花）。

二、减 速 器

（一）减速器的作用

减速器的作用是将电动机输出的高转速、低转矩的机械能转化为低转速、大转矩的机械能，以适应末级转换道岔的需要。同时通过减速器上的摩擦联结器起到摩擦联结作用，当道岔转换中途因故受阻时通过摩擦联结器与内齿轮伸出端的配合起到摩擦联结作用，保护电动机不被烧毁；当道岔转换终了时通过摩擦联结器消耗掉电动机电源被切断后的惯性输出转矩，保护机件不受损。

在电动转辙机中，减速器是一个重要的机械传动部件。电动机转动时输出的是高转速、小转矩的机械能，其输出转矩为 0.882 6 N · m(0.09 kgf · m)，是无法直接转换道岔的。为了获得转辙机中末级转换机构所需要的低转速、大转矩的机械能，在电动机与末级转换机构间设立了一个减速机构即减速器。

（二）减速器的结构

减速器主要由减速器盖、大齿轮、中间板、减速器壳、内齿轮、输入轴、输出轴、左右夹板、摩擦带、弹簧等部件组成，如图 1-1-5 所示。

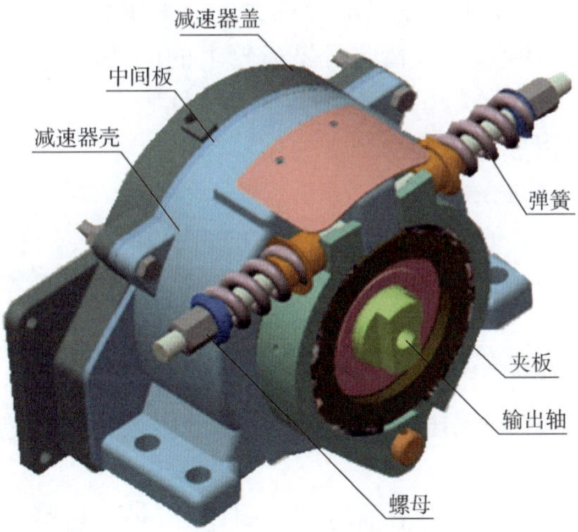

图 1-1-5　减速器

减速器结构紧凑，独立组成一个两级减速单元，用四个 M12×45 的六角螺栓通过减速器壳底脚上的安装孔固定在机壳上，在减速器壳底部安装平面上设有定向槽，安装时与底壳上的定位凸台配合进行定位固定，以保证减速器中心轴线与底壳中心轴线相一致。

减速器盖与减速器壳将减速器组成一个密封的减速装置，中间板则将减速器分成前后两个独立的腔室。

减速器盖与中间板间的腔室中安装大齿轮，大齿轮安装在输入轴头部，减速器大齿轮与电动机上的小齿轮配合构成减速器的第一级减速。电动机安装在减速器盖上，减速器盖上有个止口与电动机前端盖上的止口相配合，以保证电动机中心线与减速器中心线间的相对距离，从而满足大齿轮与电动机小齿轮的啮合要求。由于电动机小齿轮与大齿轮工作时的转速较高，涂在大齿轮上的润滑脂会随着大齿轮的转动而飞溅出去，为防止大齿轮转动中缺油而发生干磨，在减速器盖上设有一个直径为 6 mm 的注油孔，用于现场维护时加注润滑油，注油孔平时用一个 M6×10 的圆柱螺钉进行封堵，要注意此螺钉长度不可超过 14 mm，螺钉过长会发生刮碰大齿轮的隐患，造成部件损坏和引发设备故障。为了增大转辙机转换力，可以通过改变电动机齿轮与减速器大齿轮的齿数来实现，在两齿轮中心距不变、齿轮模数不变的情况下，只要保证电动机齿轮与减速器齿轮的齿数和不变就可以了，即两齿轮齿数相加为 130，比如 ZD6-D 型电动转辙机减速器大齿轮齿数为 110 齿，则电动机小齿轮齿数为 20 齿；ZD6-E 型电动转辙机减速器大齿轮齿数为 118 齿，则电动机小齿轮齿数为 12 齿。

减速器壳与中间板间的腔室中安装的是一齿差行星齿轮，内齿轮套在减速器壳内，内齿轮伸出端被一对夹板夹住，转辙机采用的摩擦联结器是闸瓦式的，通过一对夹板夹在减速器内齿轮的伸出端上构成一个摩擦联结装置。输入轴通过前后两个轴承固定在中间板和输出轴间，输入轴前端伸出减速器盖外，用于插入手摇把转换道岔，由于手摇把插入在减速器的第二级减速上，所以手摇的圈数不是很多，而且需要的力量也比较适中。输入轴上的偏心套安装有两个成对加工的行星齿轮，安装后的两个行星齿轮角度相差 180°，内齿轮的齿数为 42 齿，行星齿轮的齿数为 41 齿，当输入轴旋转一周时行星齿轮在内齿轮内错位一齿，所以这一级的减速比为 41∶1。输出轴通过两个并列的 209 轴承镶嵌在内齿轮伸出端的圆孔内，输出轴上安装了八个均匀分布的滚棒，滚棒垂直并紧压在输出轴的盘面上。为了减小滚棒与行星齿轮上圆孔间的磨耗和卡阻，在滚棒上套有滚套，使滚棒与行星齿轮上的圆孔间由滑动摩擦变为滚动摩擦，减少了部件间的磨耗。由于一齿差行星减速转动速度低且腔室内密封良好，所以在减速器内应使用高低温特性良好的润滑脂进行润滑。

（三）减速器主要检修标准及检修注意事项

1. 输入轴整修：检查输入轴方头无变形，手摇把能顺利插入。输入轴轴径磨耗不超限，如与大齿轮配合旷动须更换，输入轴上各轴承检查良好，符合标准，两个行星齿轮与输入轴上的 205 轴承配合良好，行星齿轮安装在输入轴上时在重力作用下不得脱落。减速器在转动中输入轴的两个 205 轴承承担的作用力较大，长时间使用下很容易发生轴承破损故障，目前已经由原有的滚珠轴承更换为滚柱轴承结构，减少了轴承上砂架破损的隐患。检查输入轴尾端挡圈作用良好。

2. 输出轴整修：道岔转换一次输出轴转动 1 周，所以轴承磨耗较小。整修重点在输出轴的八个滚棒上，检查滚棒安装牢固，垂直不松动。

3. 内齿轮整修：检查内齿轮齿面有无损伤、断裂、凹痕，如发现上述缺陷须更换，对内齿轮伸出端表面进行检查除锈处理。

4. 减速器壳、盖及中间板整修：重点检查有无破损，可采用眼看、手敲、耳听的方式来检查。

5. 摩擦联结器整修：检查摩擦带厚度磨耗不大于 4 mm，摩擦带与内齿轮接触面积不小于

4/5，如检查摩擦带接触面积不足，可使用摩擦带研磨机具进行研磨。目前摩擦带与夹板间的安装方式采用两点嵌入式，主要为了方便现场车间能快速更换摩擦带，减少现场车间工作量和降低作业风险。现场使用的摩擦带材质有两种，分别为金属和半金属。

6. 弹簧杆、螺母整修：检查弹簧杆及螺母丝扣，无滑扣现象，如有则及时更换。现场车间在发现减速器摩擦力下降时经常采用加大弹簧压力的方式来加大摩擦电流，很容易造成丝扣破损。

7. 减速器组装时需检查内齿轮与外壳间隙不大于 0.5 mm，可使用塞尺进行圆周选点测量，检查外壳与内齿轮接触是否有磨耗成椭圆现象。检查方法是将内齿轮放入减速器壳内，用手转动内齿轮，如内齿轮转动时时松时紧则说明外壳有磨椭圆情况，如发现上述缺点应更换外壳。

8. 减速器的输入轴及输出轴在减速器中的轴向窜动量应不大于 1.5 mm。转动灵活，无卡阻，如发现窜动量超标时可采取在输入轴轴承与中间板轴承套间加垫圈的方式进行消旷处理。

9. 夹板轴牢固不松动，顶丝作用良好。

10. 组装后的减速器在测试台上进行测试，应符合下列要求：

(1)松开摩擦带紧固螺栓，在输出轴不旋转情况下测试减速器空载电流不大于 0.8 A。

(2)正反向摩擦电流相差和单边波动均小于 0.3 A。

(3)ZD6-A、D、F、G、H、K 型转辙机单机使用时，摩擦电流为 2.3～2.9 A。

(4)ZD6-E 型和 ZD6-J 型转辙机双机配套使用时，单机摩擦电流为 2.0～2.5 A。

(5)摩擦联结器弹簧调在规定摩擦电流条件下，弹簧有效圈的相邻圈最小间隙不小于 1.5 mm，弹簧不得与夹板圆弧部分触碰。

三、自动开闭器

(一)自动开闭器的作用

自动开闭器的作用有两个：一是在转辙机转换过程中通过机械动作来控制电气接点转换，是一个与道岔控制电路和表示电路直接发生关系的部件；二是通过与表示杆的配合不间断地检查道岔开通位置及尖轨密贴状态。

(二)自动开闭器的结构

自动开闭器主要由机械联动机构和接点开关机构两部分组成，如图 1-1-6 所示。

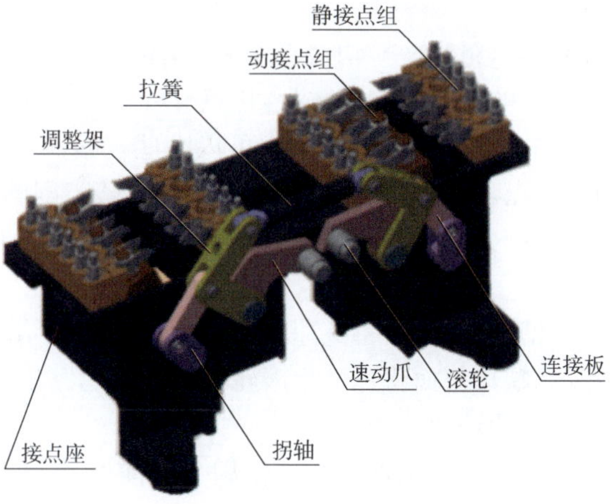

图 1-1-6　自动开闭器

自动开闭器除了启动片、速动片和速动衬套外，其余部件均安装在开闭器的接点座上。接点座通过其底角的四个螺孔固定在转辙机底壳上，可以单独安装和拆卸，方便现场维修和更换。

机械联动机构主要由启动片、速动片、速动衬套、滚轮、滚轮轴、速动爪、速动爪轴、调整架、调整螺钉、挡销板、连接板、左右拐轴、左右支架、连动轴、检查柱、连接销、拐轴销、拉簧头及拉簧组成。开闭器的接点座为左右对称设计，在接点座上加工有三对不同直径的圆孔，分别用来装配左右拐轴、速动爪轴和检查柱。开闭器上平面用来安装静接点组和接点罩。安装检查柱的圆孔底部开了两个槽口用来防止检查柱转动和刮碰表示杆。接点座中间开有 48 mm＋0.17 mm 的槽口用来与速动衬套上 48 mm－0.17 mm 的扁方配合，起到固定速动衬套和防止速动衬套转动的作用。速动爪轴将速动爪和调整架安装在接点座上，为了防止速动爪轴从接点座圆孔内窜出，开闭器座上平面加装了锥端紧固螺钉，锥端紧固螺钉尖端顶在速动爪轴的凹槽内。连接板将拐轴和调整架连接起来，通过连杆传动原理将旋转运动通过连杆转换成定轴摆动。拐轴销由原有的内铆接方式改变为外铆接方式，方便检查拐轴销铆接是否良好，防止拐轴销铆接不良窜出引发设备故障。为了防止现场调整不良造成开闭器拐轴发生变形影响设备使用，目前拐轴已逐步更改为花键式拐轴，并在开闭器的拐轴孔内镶嵌有复合衬套，衬套内有油槽用来减小拐轴转动时的摩擦阻力。开闭器上联动机构的动力来自拉簧，当道岔转换终了时速动爪在拉簧的拉力作用下迅速打入速动片的缺口内，同时使拐轴转动，通过拐轴带动支架使动接点迅速转换，同时通过联动轴压下检查柱。拉簧的拉力应满足接点迅速转换的要求，装上拉簧头的拉簧在自由状态下两拉簧头孔距为 95～98 mm，拉簧拉力应进行筛选。拉力应满足：当两速动爪滚轮同时在速动片上时，拉簧拉力应达到 117 N 左右，当一侧速动爪滚轮落入速动片缺口内时，拉簧应有 55 N 左右的拉力。拉簧拉力过小无法保证接点顺利转换，拉力过大又会造成联动机构受力过大，加快各联动部件的磨损。启动片的作用是起到输出轴与主轴的十字接头作用，使主轴随输出轴旋转。另外通过与速动片和速动爪的配合起到控制开闭器接点转换的作用，速动衬套采用密度较小的黄铜材质，起到防止主轴与速动衬套间因缺油而发生研轴的作用，转辙机转动时，主轴在速动衬套内圈转动，速动片在速动衬套外圈转动，所以速动衬套内外圈均加工有油槽，现场应定期通过速动片凹槽内两侧的注油孔对其进行注油。

接点开关机构由四排静接点组和两排动接点组成。动接点环与静接点片为侧接式接触，侧接式接点的接触方向与接点的运动方向相垂直，接点行程大，并且接点具有自清扫功能。因为接点压力只是动接点运动的分力，所以接点压力可以大些。接点环与接点柱间有一定的间隙，一是当接点发生振动时接点环可以跟随接点片动作，防止接点闪断，所以防振效果好；二是接点环是可转的，每次转换时都会发生不同程度转动，接点环由点磨耗变为圆周方向磨耗，使用寿命长。

启动片相当于一个十字槽联轴器，能将减速器输出轴与主轴联结起来，使主轴随输出轴一起转动，转辙机启动时通过其缺口斜面将速动爪滚轮顶起断开道岔表示电路并接通回转电路；另一个作用是通过拨片钉带动速动片旋转。

速动衬套的作用是防止速动片在主轴的摩擦作用下提前转动，在主轴与速动片间安设了速动衬套，速动衬套卡在开闭器座中间的槽口内不能转动，这样主轴的旋转就不会造成速动片的提前转动。

速动片的作用是在道岔转换终了时，通过速动片与速动爪的配合，在拉簧的作用下使接点快速转换，切断原道岔启动电路。

在装配时要注意启动片与速动片间的间隙，启动片与速动片的间隙应在 0.5～2 mm 之间。因为如果间隙过小会使速动片与启动片发生粘连，使速动片在未经启动片上拨片钉拨动之前就跟随启动片一起旋转，如果间隙过大又有可能造成速动爪滚轮压不住速动片，导致速动片失控。为了使速动爪滚轮能可靠压住速动片，在启动片外圆上增加了两个浅槽，以保证在转辙机转换结束前滚轮能可靠压住速动片，防止道岔转换中途停转时，速动片通过惯性转动造成接点错误转换。

（三）自动开闭器主要检修标准及检修注意事项

1. 开闭器座完整、无裂纹，重点检查四个底角部位，开闭器座油饰良好，各工作面应油润光洁、无锈蚀。

2. 根据所组装型号选择相应型号检查柱，要求检查柱与开闭器座圆孔间隙不大于 0.5 mm，可使用塞规进行测量，如磨耗超限需更换。

3. 检查联动轴平直无弯曲，在动接点架上转动灵活，可将联动轴放在玻璃板上转动检查其平直情况。

4. 检查接点架在开闭器座内轴向旷动量不大于 0.5 mm，扳动接点架使检查柱抬起后松开，检查柱能带动接点架在重力作用下下落。

5. 拐轴销铆接牢固，采用外铆方式方便检查铆接状态。

6. 挡销板作用良好，两侧面均能卡入连接销上的凹槽内。

7. 拉簧弹力符合标准，两拉簧头在同一水平线上。

8. 组装后的联动部件整体动作无卡阻，转动灵活。

9. 绝缘座安装牢固，静接点片须长短一致，左右接点片对称，接点片不弯曲、扭斜，辅助片(补强片)作用良好。接点片及辅助片(补强片)均应采用铍青铜材质。

10. 动接点在静接点片内的接触深度不小于 4 mm，接点接触深度可通过调整架上的紧定螺钉进行调整；用手扳动动接点，其摆动量不大于 3.5 mm；动接点与静接点座间隙不小于 3 mm；动、静接点沿中分线偏差不大于 0.5 mm；接点接触压力不小于 4.0 N；动接点打入静接点组内，检查动接点环不低于静接点片，同时静接点片下边缘不应与动接点绝缘体接触；速动爪落下前，动接点在静接点内有窜动时，应保证接点接触深度不小于 2 mm。为了兼顾动静接点可靠接触和减少因接点压力过大引发接点蔫打故障，沈阳局集团公司各电务段信号检修基地对接点压力规定了下限和上限值，即要求接点压力为 8～10 N。

11. 速动爪与速动片的间隙在解锁应为 0.2～0.8 mm，锁闭时为 1～3 mm。

12. 速动片的轴向窜动，应保证速动爪滚轮与速动片滑面的接触不少于 2 mm；转辙机在转动中速动片不得提前转动。

13. 速动爪的滚轮在传动中应在速动片上滚动，落下后不得与启动片缺口底部相碰，并有 0.5 mm 以上间隙。

四、主　　轴

（一）主轴的作用

主轴的作用有两个：一是通过主轴上锁闭齿轮与齿条块齿条的啮合传动，将旋转运动转换为直线运动,实现转换道岔的目的;二是通过主轴锁闭齿轮圆弧与齿条块削尖齿圆弧的配合,完成转辙机的锁闭功能。

(二)主轴的结构

主轴主要由主轴、主轴套、206 轴承、止挡栓、锁闭齿轮、滚针轴承组成,如图 1-1-7 所示。

主轴头部的扁方与启动片相连,来自减速器的转矩通过启动片传递到主轴上,主轴与齿条块配合完成转换道岔和锁闭的作用,因此锁闭齿轮要有足够的强度。锁闭机构应能承受超过 31 381 N 以上的挤岔力。主轴锁闭齿轮两侧装有轴承,通过轴承与底壳的支撑孔配合完成主轴的轴向定位。主轴前部的轴承使用了型号为 4074107 的滚针轴承,轴承外侧有油槽和注油孔,安装主轴时滚针轴承的注油孔应与底壳支撑孔的注油孔相吻合。主轴后部安装有两个 206 轴承镶嵌在主轴套内,使用双轴承的目的是增强径向抗力,提高负载能力。主轴后部安装一个直径为 30 mm 的轴用弹性挡圈限制了轴承在主轴上的轴向窜动,主轴套上的轴肩嵌在机壳主轴孔的定位槽孔内,这样就保证了锁闭齿轮与齿条块的轴向位置。主轴上装有止挡栓,止挡栓的作用是道岔转换终了后通过与机壳上止挡桩的配合消耗掉传动机构的惯性转矩,并使主轴停在规定的位置。

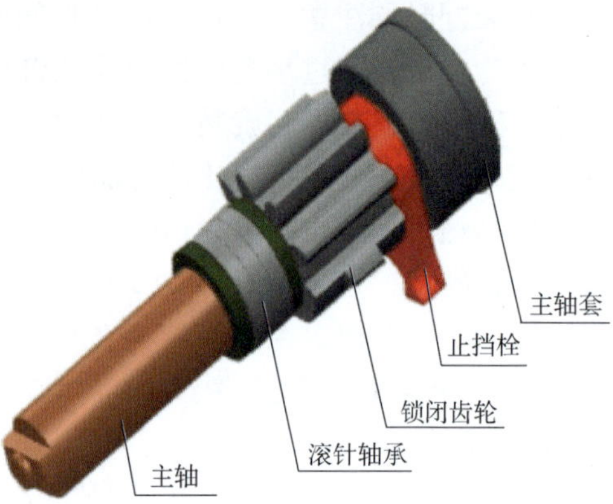

图 1-1-7　主轴

(三)主轴主要检修标准及检修注意事项

1. 主轴头部与速动衬套配合部位应光滑,速动衬套在主轴上转动灵活。
2. 主轴头部与启动片连接部位无变形和肿胀,不良处可使用锉刀进行整修。
3. 锁闭齿轮在主轴上轴向窜动量不大于 0.5 mm。
4. 轴用弹性挡圈能完全卡入主轴后部槽口内。
5. 检查锁闭齿轮圆弧磨耗超过 0.3 mm 时需整修或更换。

五、齿 条 块

(一)齿条块的作用

齿条块通过与主轴的配合起到将旋转运动转换成直线运动和实现锁闭道岔的作用,通过与动作杆、移位接触器的配合,当道岔被挤时切断道岔表示电路。

(二)齿条块的结构

齿条块上设有两个挤切销安装孔,通过挤切销(连接销)将齿条块和动作杆连接起来,在齿条块上平面两端加工有两个圆孔用于安装顶杆。在道岔处于锁闭位置时,齿条块上的顶杆与移位接触器的触头相对正,当主销折断时,齿条块上的顶杆上升 2.5～3 mm,使移位接触器接点断开切断道岔表示电路。在齿条块两端分别有两个椭圆长坑用来安装浸油小毛毡,起到润滑削尖齿与锁闭圆弧的作用,防止因锁闭圆弧缺油加大部件磨耗和造成道岔无法解锁。

(三)齿条块主要检修标准及检修注意事项

1. 齿条块与动作杆配合时,检查齿条块顶杆低于齿条块上平面 0.1～1 mm。
2. 齿条块与动作杆使用副销连接时,推拉动作杆时齿条块顶杆上升高度不低于 2.5 mm。

3. 齿条块削尖齿圆弧与锁闭齿轮圆弧应吻合，无明显磨耗，接触面不小于 50%，在动作齿条处于锁闭状态下，两圆弧面应保持同心。

4. 齿条内各部件和连接部分须油润，各孔内不得有铁屑及杂物；挤切销固定在齿条块圆孔内的台上，不得顶住或压住动作杆。

5. 柱尾螺钉应紧固。

六、动 作 杆

（一）动作杆的作用

动作杆与外连接杆连接牵引尖轨，通过挤切销与齿条块连接，道岔被挤时切断挤切销，保护转辙机不受损。

（二）动作杆的结构

动作杆与齿条块、密贴调整杆连接用来转换道岔，如图 1-1-8 所示。

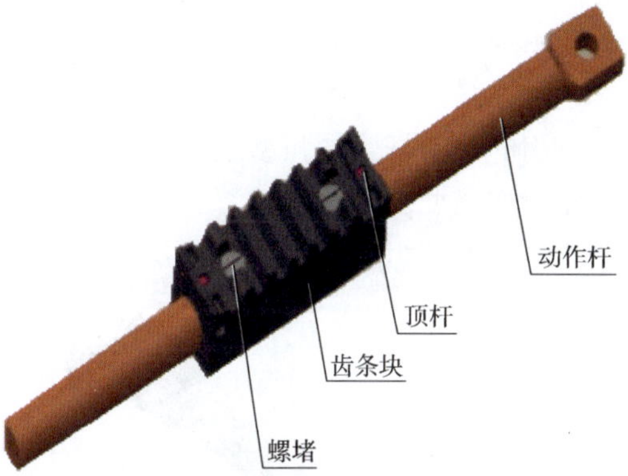

图 1-1-8　动作杆和齿条块

在圆杆和动作杆头部的扁方结合处采用了圆弧过渡，减少了因台阶形状而产生应力集中的缺陷。在动作杆上设有直径为 12.06 mm+0.18 mm 的圆形挤切销孔和 18 mm+0.24 mm 的椭圆形挤切销孔，对于不可挤型转辙机其两个孔内分别安装 5t 和 9t 的连接销，对于可挤型转辙机在圆孔内安装 3t 挤切销，椭圆孔内安装 3t 或 5t 的备用销（副销）。在动作杆挤切销孔两侧设有两个 90°锥形坑用于和齿条块顶杆配合，正常情况下齿条块顶杆底部落入动作杆锥形坑内。当主挤切销折断时，动作杆在齿条块内发生移动，动作杆上的锥形坑推动齿条块顶杆上升使移位接触器接点断开，切断道岔表示电路。安装备用销的目的是为了进一步提高锁闭的可靠性，当主销折断时在备用销（副销）的作用下动作杆在齿条块内横向移动距离最大为 3 mm，保证了道岔在密贴状态下主销折断时尖轨与基本轨间的间隙不大于 4 mm，通过备用销（副销）的连接仍能保证行车安全，主销折断同时切断表示电路，及时提醒车站值班员道岔发生故障。

（三）动作杆主要检修标准及检修注意事项

1. 动作杆不得有损伤。

2. 动作杆与齿条块的轴向移位量和圆周方向的转动量均不大于 0.5 mm。

3. 转辙机内所使用的挤切销和连接销应符合表 1-1-2 的要求。

表 1-1-2　挤切销和连接销标准

名　　称		抗剪切力(N)	ZD6-A	ZD6-D	ZD6-E	ZD6-F	ZD6-G	ZD6-H	ZD6-J	ZD6-K
挤切销 3t		29 420±1 961	主、副	主、副	—	主	主	主、副	主、副	主
连接销	5t	49 033±3 266	—	—	主	副	副	—	—	副
	9t	>88 254	—	—	副	—	—	—	—	—
注:3t 为有孔销,5t 为无孔销,9t 为椭圆销。										

七、表 示 杆

(一)表示杆的作用

表示杆的作用是通过与自动开闭器的配合不间断地检查道岔开通位置和尖轨密贴状态,带辅助锁闭销的表示杆同时承担辅助锁闭功能,当道岔被挤时及时切断道岔表示电路。

(二)表示杆的结构

ZD6 型电动转辙机目前使用的表示杆为加强型表示杆。采用主、副杆同时与接头铁连接,双杆同时承担作用力的表示杆为加强型表示杆。

表示杆主要由主表示杆和副表示杆组成,如图 1-1-9 所示。

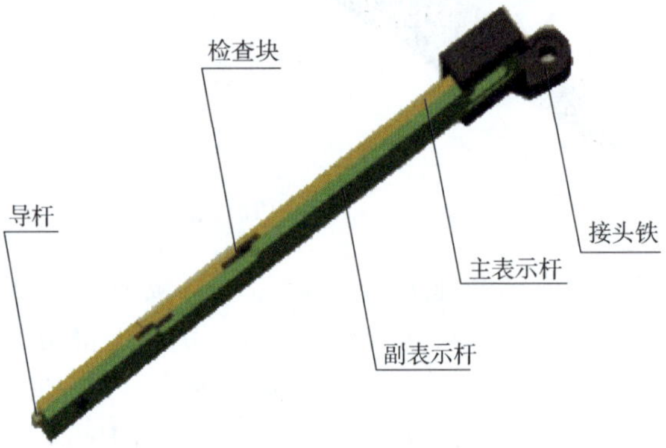

图 1-1-9　表示杆

主、副表示杆均加工有长槽,长槽中用来安装检查块(ZD6-E 型转辙机锁闭表示杆上不设检查块),主表示杆上安装有调整杆,通过调整螺母与副表示杆连接,用来调整副表示杆检查块与主表示杆检查块之间的间距。调整螺母要求在调整螺杆内全程走行不卡阻,调整螺杆通过定位销固定来防止其窜出,定位销与表示杆销孔的配合为过盈配合,在检修中须检查其作用良好以防止窜出。在接头铁上有三个固定螺栓,其中两个 M12 螺栓是用来紧固主表示杆与接头铁的连接,副表示杆前部有一个长槽孔用来安装 M14 螺栓,M14 螺栓用来紧固副表示杆与接头铁的连接。不同型号的表示杆也不相同,可挤型转辙机用于列车进路时使用的表示杆检查块上安装了辅助锁闭销,起到辅助锁闭功能,辅助锁闭销的挤切力在 14 710～17 652 N 之间。为了满足道岔不同开程的需要,表示杆设计成可调的,主、副表示杆两检查块的缺口距离根据道岔实际开程进行调整(常用道岔开程见表 1-1-3),调整距离根据如下公式进行计算:

$$L=221-S$$

式中　L——两检查块外缺口间的距离，单位：mm；

S——尖轨或心轨的实际动程，单位：mm。

表 1-1-3　各类型道岔开程明细表（供参考）

序　号	道岔类型	开程标准(mm)	备　注
1	ZD6 单机	142～152	
2	1/9 道岔 ZD6 双机第一牵引点	160	允许偏差可按±3 mm 掌握
3	1/9 道岔 ZD6 双机第二牵引点	75	允许偏差可按±3 mm 掌握
4	1/12 道岔 ZD6 双机第一牵引点	176～180	
5	1/12 道岔 ZD6 双机第二牵引点	80	允许偏差可按±3 mm 掌握
6	普通交分道岔(交分尖)	142～152	
7	普通交分道岔(交分心)	80～90	

检查块的上平面应低于表示杆的上平面 0.2～0.8 mm，检查柱落入检查块缺口内，两侧间隙为 1.5 mm±0.5 mm(表示杆检查块缺口为 22 mm+0.14 mm，检查柱底部为 19 mm−0.14 mm)。ZD6-E 型电动转辙机锁闭表示杆不设检查块，但仍设检查缺口；ZD6-J 型电动转辙机表示杆检查块的检查缺口为单边检测，缺口间隙为尖轨与基本轨的间隙之和，应不大于 7 mm。

由于转辙机主表示杆与连接杆连接，所以在转辙机进行调整检查柱落入表示杆内缺口间隙时，只能先将转辙机处于伸出位置进行调整，调整完主表示杆缺口间隙后方可将转辙机转动到拉入位置进行调整副表示杆的缺口间隙。

(三)表示杆主要检修标准及检修注意事项

1. 检查表示杆高度低于 33.7 mm 应报废，检查测试高度位置应在表示杆伸出和拉入时与表示杆方孔套静止接触位置。

2. 表示杆平直无弯曲，两表示杆间间隙不能大于 0.3 mm。

3. 表示杆导杆螺母在导杆上全程动作无别卡现象，导杆钉不应松动和高出表示杆平面。

4. 检查块缺口完整，无毛刺和缺损，缺口间距为 22 mm+0.14 mm，检查块低于表示杆上平面 0.2～0.8 mm。

5. 检查块在表示杆内移动无卡阻，弹簧作用良好(无辅助锁闭销表示杆)，有辅助锁闭功能的表示杆需检查辅助锁闭销状态，应无损伤、变形情况。

八、移位接触器

(一)移位接触器的作用

移位接触器是检查挤切销是否折断的装置，当道岔被挤时能及时切断道岔表示电路。可挤型电动转辙机内部安装有两个移位接触器，分别与道岔拉入和伸出位置时齿条块的顶杆位置相对应。移位接触器的常闭接点分别串接在道岔定位和反位表示电路中，移位接触器是一个非自复式微动开关。

(二)移位接触器的结构

移位接触器主要由开关座、开关盒、接点弹片、接点板、调节筒、触头、顶销、弹簧、绝缘板、复位按钮等部件组成。移位接触器开关座上有三个螺孔用来与机壳间的固定,开关盒为透明塑料制成,起到从外部检查接点弹片触头与接点板触头位置是否对正,接点片有无刮磨开关盒的作用。开关座上安装有绝缘板,起到压住顶杆弹簧和防止接点板与开关座间绝缘不良的作用。因为移位接触器是非自复式,复位按钮的作用是当接点弹开时通过复位按钮使接点复位接通。调节筒用来调整移位接触器触头行程,触头行程调整为 0.7 mm±0.1 mm,接点电阻应不大于 30 mΩ,接点压力应不小于 0.7 N。

(三)移位接触器主要检修标准及检修注意事项

1. 当主销折断时,接点应可靠断开,切断道岔表示。

2. 顶杆与触头间隙应为 1.5 mm;用 2.5 mm 垫片试验或用备用销带动道岔(或推拉动作杆)试验时,接点应断开,非经人工恢复不得接通电路,其复位按钮在所加外力复位过程中不得引起接点簧片变形。

3. 移位接触器触头安装在调节筒内之前应先油润,防止现场使用中触头出现锈蚀影响接点可靠断开。

4. 顶销在弹簧作用下,上下动作灵活,与绝缘板间无卡阻。

5. 检修中注意固定开关盒时螺钉不可紧固用力过大,以弹簧垫平为准,防止开关盒在长期应力作用下裂开,紧固后在螺丝上点红油做好防松检查标记。

九、底壳及机盖

底壳和机盖主要检修标准及检修注意事项如下:

1. 底壳完整无裂纹,重点检查四个底脚和电动机窗口位置,内外壁无毛刺。

2. 底壳各工作面光洁、油润,各丝扣无滑扣情况。

3. 机盖盘根槽平直,无弯曲,无开焊,锁舌良好。

4. 底壳和机盖油饰良好,不堆不淌。

第二节　ZD6 型电动转辙机传动原理

一、ZD6 型电动转辙机传动原理

以右开转辙机动作杆拉入时的状态为例,此时自动开闭器的第 1、第 3 排接点闭合。转辙机转换时来自室内控制电路的直流 160 V 电源经由开闭器第一排的 11、12 接点接至电动机端子2-3-4,再通过转辙机上的安全接点返回室内构成闭合回路,当道岔启动电路构成后,电动机开始逆时针旋转,使动作杆向右移动,其传动过程如图 1-2-1 所示。

电动机逆时针转动时,通过电动机上的小齿轮传动到减速器上的大齿轮,并构成一级减速,使减速器上的大齿轮顺时针进行旋转。减速器上的大齿轮通过键与减速器的输入轴连接带动输入轴顺时针旋转,输入轴通过一齿差减速器减速后由输出轴输出转矩,并使输出轴逆时针反方向旋转。输出轴通过启动片上的十字接头与主轴连接带动主轴逆时针旋转。启动片旋转同时,启动片上的斜面推动速动爪上的滚轮转动使速动爪逐渐抬起。速动爪的爪尖逐渐退

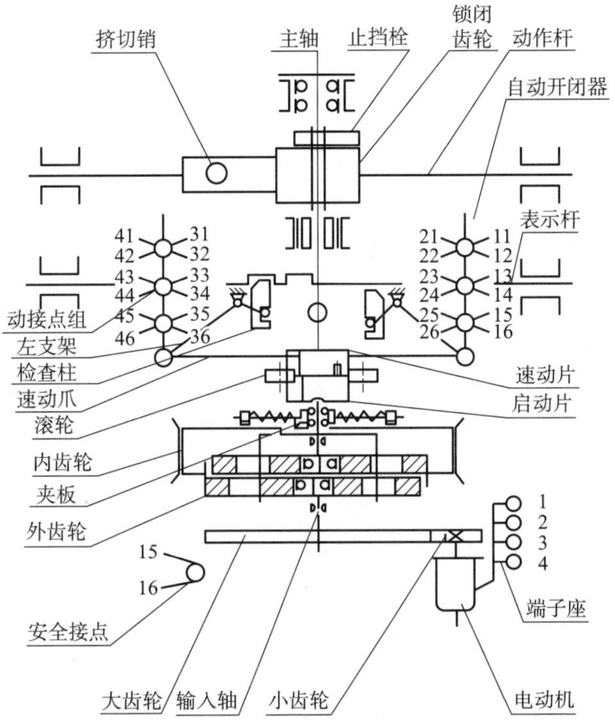

图 1-2-1　ZD6 型电动转辙机传动原理

出速动片的缺口。速动爪抬起时将力通过开闭器上的调整螺钉、调整架和连接板使左拐轴转动，通过拐轴的转动带动动接点架转动，使动接点在第三排静接点内逐步退出，从而切断了道岔表示电路。拐轴转动同时带动开闭器左侧检查柱抬起，使检查柱从表示杆检查块缺槽内退出，完成转辙机双重锁闭的第一重解锁。当启动片转动到一定角度后，铆接在启动片上的拨片钉拨动速动片一起旋转。此时主轴上锁闭齿轮的锁闭圆弧已从齿条块削尖齿圆弧内退出，完成双重锁闭的第二重解锁。主轴就通过锁闭齿轮和齿条块的配合将旋转运动转换成动作杆的直线运动，动作杆动作过程中通过密贴调整杆动作道岔。在完成转换过程后，锁闭齿轮的锁闭圆弧即进入到齿条块另一侧削尖齿的圆弧面上，完成对齿条块的锁闭。此后开闭器右侧的速动爪在开闭器上拉簧拉力的作用下快速落入速动片的缺口内，使右侧动接点快速从第一排静接点内退出，切断第 1 排的电动机启动电路，接通第二排接点构成道岔新的表示电路，表示道岔已转换到位并将道岔锁闭在现位。此时右侧动接点支架上带动的检查柱必须能落入到表示杆检查块的缺口内（检查柱落入检查块内两侧缺口的间隙应调整在 1.5 mm±0.5 mm 范围内）。检查柱落入检查块缺口内表示道岔已经锁闭在正确位置。如果表示杆在尖轨的带动下不能移动到规定的距离则检查柱只能落在表示杆检查块的上平面上，使动接点不能打入到静接点中，则无法构成表示电路。当尖轨转换中途受阻无法转换到位时，电动机的启动电路将一直构成，为防止电动机不烧损，通过减速器上的摩擦联结器与减速器内齿轮的配合起到摩擦联结功能，从而消耗掉电动机的输出转矩。当道岔长时间摩擦空转无法转换到位时，室内控制台会响起挤岔报警铃声，提醒室内人员将道岔及时扳回原位和处理故障。

ZD6-D 型电动转辙机主轴旋转过程中各传动部件的动作情况见表 1-2-1。

表 1-2-1 ZD6-D 型电动转辙机主轴旋转过程中各传动部件的动作情况

主轴转角（±1°）	传动部件的动作	备 注
0°	各传动部件处于静止状态	—
7.5°	启动片对左侧速动爪上的滚轮做空转	启动片带动主轴旋转，使锁闭齿轮的弧面从齿条块的削尖齿上转 7.5°，开始解锁
10.2°	启动片推动滚轮上升，速动爪带动左侧动接点组退出第三排静接点，切断道岔表示电路	—
19°	启动片继续推动滚轮，速动爪带动动接点开始接通开闭器第四排静接点，接通电动机反转电路	—
26.5°	启动片推动滚轮上升到启动片顶端，左侧动接点完全打入第四排静接点中	开闭器左侧的检查柱上升结束，检查柱完全从表示杆检查块缺口内退出
28.7°	启动片上的拨片钉开始拨动速动片，使速动片按逆时针方向旋转	—
32.9°	启动片继续带动主轴旋转。锁闭齿轮的弧面已从齿条块的削尖齿上转动 32.9°，完全脱开弧面锁闭关系，解锁过程结束。锁闭齿轮带动齿条块和动作杆向右移动，道岔开始转换	—
306.1°	动作杆向右移动 165 mm±2 mm，同时推动尖轨移动，至尖轨和基本轨完全密贴，完成道岔整个转换过程。转辙机开始进入锁闭状态，锁闭齿轮的弧面将进入齿条块的另一侧削尖齿上，开始对齿条块进行锁闭	道岔转换过程中，开闭器上的两个速动爪滚轮均在速动片上滚动，开闭器接点始终处于第一和第四排接点接通状态
335.6°	在开闭器拉簧的拉力作用下右侧速动爪迅速落入速动片的缺口内，拉簧带动右侧动接点快速从第一排静接点内退出打入到第二排静接点内，切断电动机启动电路，构成新的表示电路	锁闭齿轮已经实现对齿条块的锁闭，开闭器右侧的检查柱已经落入表示杆检查块的缺口内
339°	电动机启动电路被切断后，旋转惯性使主轴继续旋转至 339°。锁闭齿轮的锁闭圆弧与齿条块削尖齿间已完成同心弧面重合	主轴上的止挡栓被机壳上的止挡桩挡住，阻止主轴继续转动，使主轴停止在当前位置，电动机电路被切断后电动机的旋转惯性转矩通过减速器的摩擦联结器消耗掉，保护了转辙机机件不受损

二、挤岔工作原理

当道岔被挤时，车轮将尖轨挤开，使尖轨发生横向移动，通过密贴调整杆将挤切力传到转辙机的动作杆上。由于动作杆和齿条块是通过挤切销连接的，齿条块被锁闭齿轮锁住不能移动，当挤岔力超过挤切销的挤切力后将挤切销切断，动作杆在齿条块内发生位移，动作杆上的锥形槽推动齿条块上的顶杆上升，齿条块顶杆使移位接触器触头上升，当顶杆上升到 2.5 mm 以上时将移位接触器接点断开，切断道岔表示电路。与此同时道岔尖端杆将挤切力传递到转辙机表示杆上，将表示杆检查块上的辅助锁闭销挤断，使表示杆发生移动，表示杆上的斜面推动检查柱上的斜面，使检查柱向上运动，迫使动接点支架转动，当表示杆移动 8 mm 时表示接点被切断。ZD6 型电动转辙机当道岔被挤时表示电路接点被双断，可靠性非常高。

第三节　ZD6 型电动转辙机整机组装流程及标准

一、组　　装

转辙机各部件检修完毕验收合格后再对转辙机整机进行组装，组装顺序与拆卸顺序相反。

(一)组装暗锁、安全接点、堵孔板组、下锁扣组、进线架、进线板

1. 暗锁安装拉簧作用良好，锁钩动作灵活横向无过大旷量。

2. 安全接点接触深度大于或等于 4 mm，旷动量小于或等于 2 mm，接点环不低于接点片，接点片下边缘距动接点块凸台距离大于 1 mm，动、静接点中分线偏差小于或等于 0.5 mm，插入手摇把时安全接点断电距离大于或等于 2 mm，接点压力 8～10 N，接点压力居中，安全接点断开后，非经人工恢复不得接通。

3. 堵孔板上下动作灵活，堵孔板胶堵与机壳孔密贴，下锁扣与堵孔板配合良好，锁孔对正。

(二)安装动作杆、齿条块、圆孔套、罩筒

1. 动作杆与圆孔套旷量小于或等于 0.5 mm，齿条块原则上不悬空，圆孔套安装后，齿条块与底壳间隙小于或等于 0.3 mm，可使用塞尺进行测量。根据转辙机型号安装符合标准的挤切销或连接销，对挤切销螺堵进行紧固，用卡尺测量齿条块顶杆应低于齿条块上平面 0.1～1 mm(F 型顶杆不得高于齿条块上平面 1 mm)。

2. 罩筒排水孔向下，推拉动作杆动作灵活，无异常阻力。

(三)安装表示杆、方孔套、调整筒、调整帽

1. 表示杆与方孔套旷量小于或等于 0.5 mm，对磨耗超限不合格的方孔套进行调换。

2. 调整筒排水孔向下，推拉表示杆动作灵活，无异常阻力。

(四)安装主轴、堵轴板

1. 检查主轴锁闭圆弧应与齿条块两削尖齿同时接触，如不同时接触时测量锁闭圆弧与削尖齿间隙小于或等于 0.05 mm，锁闭齿轮启动齿应在齿条块缺槽中间通过，启动齿与齿条块缺槽两侧间隙为 2 mm±1 mm，主轴轴向窜动小于或等于 0.5 mm，使用塞尺测量其间隙。

2. 止挡桩作用良好，止挡桩能落入止挡栓凹槽内。

3. 主轴安装后带动齿条块动作灵活。

(五)安装移位接触器

1. 移位接触器触头与齿条块顶杆间隙不小于 1.5 mm。

2. 齿条块顶杆与移位器触头应对正，其轴线中心偏差小于或等于 1.5 mm，挤切销压盖螺堵紧固后与启动齿间隙大于 0.5 mm。

3. 使用 2.5 mm 垫片和拔出主销进行推拉动作杆试验，移位接触器接点能可靠断开，非经人工恢复不能接通电路。

(六)安装速动衬套、速动片、启动片

1. 速动衬套内外圈涂润滑脂，速动衬套注油孔冲上。

2. 启动片拨片钉与启动片垂直，牢固不松动。

(七)安装减速器

1. 减速器壳导向槽落入机壳导向槽内。

2. 启动片与速动片间隙在 0.5～2 mm 之间，启动片与减速器内齿轮间间隙不小于 0.5 mm。

3. 减速器夹板轴顶丝不得刮碰底壳。

(八)安装自动开闭器

1. 滚轮与速动片接触面不小于 2 mm，解锁时速动爪与速动片间隙为 0.2～0.8 mm，锁闭时速动爪落下后与速动片缺口间隙为 1～3 mm。

2. 自动开闭器接点接触深度大于或等于 4 mm，旷动量小于或等于 3.5 mm，动接点在静接点内旷动时，应保证接触深度不小于 2 mm，接点压力为 8～10 N，左右压力居中，动接点与静接点座间隙大于或等于 3 mm，动接点环不得低于静接点片，静接点片下部距动接点圆台距离大于 1 mm。

3. 检查柱落在表示杆上时，动接点应中立，动、静接点断开，断开距离不小于 2 mm。

4. 解锁时速动片未经启动片上拨片钉拨动前不提前跟动。

5. 锁闭时滚轮能压住速动片，防止跑片。

6. 速动爪落下后，接点能快速转换，滚轮不得与启动片底部相碰。

(九)安装电动机

1. 电动机小齿轮涂润滑脂。

2. 手摇检查电动机小齿轮与减速器大齿轮啮合情况，转动无异常阻力和别卡现象，无磕碰噪声。

(十)安装配线

配线安装平直，线把与机壳间有 0.5 mm 以上间隙，垫片不压套管。

(十一)安装机盖

机盖与机壳间密封良好，检查机盖关闭时能稍有弹性。

二、验　　收

安装并检查合格后方可送与验收员验收，验收员对转辙机机械特性进行全面检查，在转辙机测试台上，在额定电压、额定负载情况下进行测试，检查转辙机动作电流、故障电流、转换时间等是否符合标准的综合性测试。电动转辙机的主要技术特性应符合表 1-3-1 的要求。

表 1-3-1　电动转辙机的主要技术特性

型　号	额定电压(V)	额定转换力(N)	动作杆动程(mm)	表示杆动程(mm)	转换时间(s)	工作电流(A)	动作杆主、副销抗剪切力(N)	表示杆销抗剪切力(N)
ZD6-A165/250	160	2 450	165+2	135～185	≤3.8	≤2.0	主销 29 420±1 961 副销 29 420±1 961	—
ZD6-D165/350	160	3 430	165+2	135～185	≤5.5	≤2.0	主销 29 420±1 961 副销 29 420±1 961	14 700～17 600
ZD6-E190/600	160	5 884	190+2	140～190	≤9	≤2.0	主销 49 033±3 266 副销 >88 254	设固定检查缺口 ≥20 000
ZD6-F130/450	160	4 410	130+2	80～130	≤6.5	≤2.0	主销 29 420±1 961 副销 49 033±3 266	14 700～17 600

续上表

型　　号	额定电压（V）	额定转换力（N）	动作杆动程（mm）	表示杆动程（mm）	转换时间（s）	工作电流（A）	动作杆主、副销抗剪切力（N）	表示杆销抗剪切力（N）
ZD6-G165/600	160	5 884	165+2	135～185	≤9	≤2.0	主销 29 420±1 961 副销 49 033±3 266	14 700～17 600
ZD6-H165/350	160	3 430	165+2	80～185	≤5.5	≤2.0	主销 29 420±1 961 副销 29 420±1 961	—
ZD6-J165/600	160	5 884	165+2	50～130	≤9	≤2.0	主销 29 420±1 961 副销 29 420±1 961	—
ZD6-K190/350	160	3 430	190+2	80～130	≤7.5	≤2.0	主销 29 420±1 961 副销 49 033±3 266	—
注：用于多机牵引，包括第二及其以后各点的转辙机，应具备挤岔保护功能。								

第四节　ZD6 型电动转辙机常见问题分析及处理

一、碳刷下火花过大

原因分析：

1. 碳刷与换向器接触面积不足 3/4。
2. 碳刷与刷握配合不良。
3. 碳刷压力不足或加在碳刷上的压力不均匀。
4. 换向器表面有灰尘、油污。
5. 换向器片间云母凸出。
6. 换向器偏心。
7. 碳刷长度不足 9 mm。
8. 碳刷牌号不一致。
9. 转子绕组断线。
10. 转子绕组短路或换向器片间短路。
11. 碳刷不在中性线上。
12. 电动机轴承不良，旷动量过大。

处理方法：

1. 对碳刷进行研磨，使碳刷与换向器接触面积大于 3/4。
2. 检查碳刷与刷握间间隙，应满足：宽度间隙不大于 0.15 mm，厚度间隙不大于 0.1 mm。
3. 检查碳刷弹簧弹力符合标准。
4. 对换向器表面进行抛光，使换向器光洁度符合标准。
5. 使用剔槽工具处理使云母片低于换向器表面 0.3～0.5 mm。
6. 对换向器圆周弧度使用车床处理。
7. 检查碳刷长度不小于 9 mm，小于 9 mm 应更换新碳刷。
8. 检查碳刷牌号是否一致。

9. 测试换向片间相邻电阻是否满足 0.7～1 Ω 标准，是否存在断线和短路现象。
10. 使用刷握校正尺对刷握中性线进行检查。
11. 更换不良轴承。

二、电动机转动时抖动

原因分析：
1. 电动机固定不牢固。
2. 定子绕组轴线与转子绕组轴线不一致。
3. 转子不平衡。
4. 转子轴与轴承间的配合不良。
5. 轴承旷动过大。

处理方法：
1. 检查电动机前后端盖与机体的固定情况。
2. 重新调整定子在机体内的轴线位置。
3. 校正电枢平衡。
4. 检查轴承与转子轴间旷量，消旷处理。
5. 检查轴承，对不合格的进行更换。

三、电动机不能启动

原因分析：
1. 室内直流 220 V 电源未送到转辙机内或机内安全接点、启动接点接触不良。
2. 电源电压过低。
3. 电动机负载过大。
4. 电动机接线错误，接线端子虚接。
5. 定子或转子绕组断线、短路。
6. 换向器表面接触不良。

处理方法：
1. 检查室内电源是否送到电动机引线端子上。
2. 测试电源电压。
3. 手摇转辙机检查负载大小。
4. 检查电动机接线是否正确，有无虚接。
5. 测试转子换向器片间电阻及定子电阻。
6. 测试换向器与碳刷接触是否中断。

四、摩擦电流单边波动大于 0.3 A

原因分析：
1. 摩擦带与内齿轮接触面不足 4/5。
2. 内齿轮伸出端椭圆。
3. 内齿轮与壳间隙超标。

4. 减速器内部有卡阻。

处理方法：

1. 研磨摩擦带使之与内齿轮接触面达到 4/5。
2. 更换内齿轮。
3. 更换磨耗超限减速器壳。
4. 检查输入轴、输出轴各部件配合，进行整修。

五、定反位摩擦电流偏差大于 0.3 A

原因分析：

1. 加强弹簧调整不良。
2. 加强弹簧碰减速器壳。
3. 弹簧支撑垫碰夹板。
4. 定反位摩擦带接触面积不同。
5. 夹板轴与夹板孔配合过紧。

处理方法：

1. 对加强弹簧压力进行调整。
2. 更换支撑台或调整加强弹簧角度。
3. 重新对摩擦带进行研磨。
4. 对夹板孔大小进行处理。

六、摩擦电流无法调整

原因分析：

1. 弹簧加厚螺母滑扣。
2. 弹簧调整过紧，相邻圈间隙不足 1.5 mm。
3. 弹簧刮减速器壳。
4. 支撑垫碰夹板。
5. 摩擦带头部与支撑铁间接触。
6. 摩擦带与内齿轮接触面积过小。
7. 内齿轮伸出端沾油。
8. 摩擦带表面过于光滑。

处理方法：

1. 检查加厚螺母，发现滑扣时进行更换。
2. 检查弹簧相邻圈间隙不足 1.5 mm 时更换加强弹簧。
3. 检查弹簧是否刮碰减速器壳，如刮碰可更换支撑台或调整弹簧角度。
4. 检查支撑垫下部是否顶在夹板上，如相碰须更换支撑垫。
5. 检查摩擦带头部与支撑铁间隙，如接触须更换夹板和摩擦带。
6. 摩擦带与内齿轮接触面积过小时须对摩擦带重新研磨。
7. 检查内齿轮伸出端是否沾油，如发现使用抹布和砂纸进行处理。
8. 检查摩擦带表面有油污造成表面过于光滑时须重新对摩擦带进行研磨。

七、减速器空载电流大于 0.8 A

原因分析：

1. 减速器内润滑脂填充过多。
2. 内齿轮与壳间间隙过小，配合过紧。
3. 内齿轮与壳间有异物。
4. 输出轴八个滚棒不垂直。
5. 输入轴上两片外齿轮偏心不足 180°。
6. 外齿轮刮中间板。
7. 内齿轮擦中间板。
8. 轴承安装过紧或轴承转动过程有卡阻。
9. 电动机小齿轮与减速器大齿轮间齿轮啮合不良，过紧。

处理方法：

1. 减速器内润滑脂填充量应为填充空间的 1/3。
2. 内齿轮与壳间间隙过小时更换外壳或内齿轮。
3. 检查内齿轮与壳间是否有异物。
4. 检查输出轴八个滚棒是否牢固且垂直铆接在输出轴圆盘上。
5. 检查输入轴上两片外齿轮偏心距是否满足 180°。
6. 外齿轮刮中间板时须对外齿轮重新装配，防止外齿轮在 205 轴承上窜动。
7. 内齿轮擦中间板时对内齿轮擦中间板位置进行整修、打磨，处理表面凸起部分。
8. 检查减速器内各轴承转动是否卡阻，安装在轴套内是否过紧。
9. 检查电动机小齿轮与减速器大齿轮间齿轮啮合情况，调整电动机与减速器的同心度。

八、开闭器接点蔫打或无法转换

原因分析：

1. 动接点支架变形与开闭器座间发生磨卡。
2. 连接销连接的部件销孔不同心，装配后部件间发生别卡。
3. 两拉簧头不在同一水平线上，拉簧头扭曲与调整架发生别卡。
4. 拉簧拉力不足。
5. 各联动部件间连接部位注油不良。
6. 各联动部件间配合不良，接触部位有毛刺或变形。
7. 挡销板不起作用，连接销窜出卡在开闭器座上。
8. 接点环与静接点片间磨耗过大，表面不光滑或接点压力调整过大。
9. 检查柱与开闭器圆孔内有油污、杂质或锈蚀。
10. 外铆接拐轴销铆接不当，窜出刮开闭器座。

处理方法：

1. 检查动接点支架与开闭器座间间隙，配合不应过紧，对变形支架进行更换，对有毛刺部位进行修整。

2. 连接销连接的部件销孔不同心时使用铰刀进行处理，使各部件销孔达到同心。

3. 两拉簧头不在同一水平线上时对拉簧头转动角度进行调整。
4. 拉簧拉力不足时须更换拉簧。
5. 对各联动部件间连接部位进行注润滑油。
6. 各联动部件间发生磨卡时应对磨卡部位进行整修，对部件上毛刺进行处理。
7. 挡销板两侧应同时卡入连接销的槽口内，防止连接销窜出。
8. 更换不良接点环或接点片，清除表面杂质及氧化层，调整接点压力不大于 10 N。
9. 使用汽油对开闭器检查柱圆孔内进行清洗，清洗干净后涂润滑油。
10. 对铆接不良拐轴销进行更换，重新铆接。

九、速动片动作不正常

原因分析：
1. 启动片与速动片间隙小于 0.5 mm。
2. 启动片与速动片间隙大于 2 mm。
处理方法：
1. 当启动片间隙小于 0.5 mm 时，可调整启动片与速动片，通过加工公差配合达到 0.5 mm 以上间隙。
2. 当启动片与速动片间隙不满足 0.5～2 mm 间隙时，可通过松开减速器与自动开闭器底脚固定螺栓，来调整减速器与自动开闭器间的距离。
3. 当启动片与速动片间隙大于 2 mm 时，可通过更换新型速动衬套来减小间隙。

十、速动爪压不住速动片导致跑片

原因分析：
1. 启动片与速动片不在同一轴线上。
2. 启动片与速动片加工误差造成。
3. 启动片与速动片间间隙过大。
处理方法：
1. 松开减速器底脚螺栓，调整减速器输出轴与主轴的轴向同心度。
2. 更换不良启动片。
3. 调整启动片与速动片间间隙。

十一、锁闭齿轮启动齿与齿条块缺槽间隙不满足 2 mm±1 mm 标准

原因分析：
1. 机械加工误差造成。
2. 堵轴板未顶住主轴套。
3. 主轴或锁闭齿轮窜动。
4. 主轴套内挡圈脱落。
5. 轴承与主轴套间松动，轴承窜动。
处理方法：
1. 找出公差配合不良问题，更换主轴或齿条块。

2. 紧固堵轴板，使堵轴板顶住主轴套。
3. 通过在锁闭齿轮两侧加装垫圈消除主轴和锁闭齿轮窜动。
4. 重新更换安装主轴挡圈。
5. 更换不良主轴套。

十二、用备用销带动齿条块，推拉动作杆，移位接触器不可靠断开

原因分析：
1. 顶杆上升高度不足 2.5 mm。
2. 顶杆与移位接触器触头相对位置不正。
3. 移位接触器行程大于 0.8 mm。
4. 移位接触器接点弹片不正，刮开关盒。
处理方法：
1. 检查顶杆上升高度，不足 2.5 mm 时须重新修配，更换顶杆或动作杆。
2. 检查顶杆与移位接触器触头位置应对正，偏差不大于 1.5 mm。
3. 测试移位接触器行程大于 0.8 mm 时须重新调整。
4. 调整接点弹片位置，使接点弹片在开关盒中位置居中。

十三、转辙机手摇沉

原因分析：
1. 电动机小齿轮与减速器大齿轮配合不良。
2. 电动机左上角固定螺钉尺寸不合格，过长顶住减速器大齿轮。
3. 减速器盖上注油孔螺钉过长刮大齿轮。
4. 减速器内部卡阻。
5. 减速器输出轴与主轴不同心，转动时产生别卡。
6. 开闭器安装位置不正造成速动衬套偏磨。
7. 主轴套与机壳主轴孔配合不良，堵轴板顶住主轴套。
处理方法：
1. 更换电动机。
2. 检查固定电动机螺钉规格应为 M8×18。
3. 检查减速器盖注油孔螺钉规格应为 M6×10。
4. 检查减速器内部卡阻原因，重新组装。
5. 调整减速器固定位置使输出轴与主轴同心。
6. 调整开闭器固定位置使开闭器与主轴同心。
7. 更换主轴。

习题与参考答案

1. 电动转辙机的主要用途是什么？
参考答案：电动转辙机是主要用于转换道岔，改变道岔开通方向，在尖轨与基本轨密贴后，

将道岔锁闭在规定位置，并给出道岔正确表示的一种基础信号设备。

2. 电动转辙机的电气特性包括哪几项？

参考答案：额定电压、额定负载、额定电流、转换时间、空载电流、摩擦电流 、绝缘电阻。

3. 电动转辙机的安全接点起什么作用？

参考答案：检修转辙机或停用转辙机时切断转辙机控制电路，以使转辙机无法转换，确保电务检修人员或车务行车人员手摇转辙机时的人身安全。

4. 对检修电动转辙机安全接点有什么要求？

参考答案：安全接点接触良好，接触深度不小于 4 mm，在插入钥匙时可靠断开 2 mm 以上，非经人工恢复不得接通电路。

5. 安装直流电动机碳刷的技术标准有哪些？

参考答案：

(1)刷握与碳刷宽度间隙小于或等于 0.15 mm，厚度间隙小于或等于 0.1 mm。

(2)碳刷与换向器接触面大于或等于 3/4。

(3)碳刷在刷握内无卡阻。

6. 直流电动机轴承间隙过大的危害有哪些？

参考答案：转子振动加剧，引起碳刷火花增大，转速下降，转子轴向窜动、径向跳动加大。

7. 电动转辙机的减速器起什么作用？

参考答案：

(1)将电动机输出的高转速、小转矩的机械能，转变成低转速、大转矩的机械能，以适应转辙机末级转换道岔的需要。

(2)通过其内齿轮与摩擦联结器的配合动作，起到摩擦联结功能，防止非正常情况下损坏机件或烧毁电动机。

8. ZD6 型电动转辙机摩擦电流应符合哪些要求？

参考答案：

(1)正反向摩擦电流偏差和单边波动应小于 0.3 A。

(2)ZD6-A、D、F、G、H、K 型电动转辙机单机使用时，摩擦电流为 2.3～2.9 A。

(3)ZD6-E 型和 ZD6-J 型电动转辙机双机配套使用时，单机摩擦电流为 2.0～2.5 A。

9. 电动转辙机的摩擦联结器起什么作用？

参考答案：

(1)转辙机正常转动时，摩擦联结器不空转。

(2)转辙机正常转换完毕，以摩擦空转消耗掉电动机的旋转惯性转矩，防护电动机不受损。

(3)转辙机转换中途，尖轨移动受阻时，摩擦空转消耗电动机的输出转矩，以保护电动机不被烧毁。

10. 电动转辙机的自动开闭器起什么作用？

参考答案：

(1)构成转辙机启动电路后，在转换过程中，以其机械动作构成两次接点变位。第一次变位断开原表示电路，为下一次返回启动电路准备条件；第二次变位切断本次启动电路，使电动机停止转动。

(2)监督转辙机转换全过程动作是否按要求完成，配合表示杆动作，不间断地检查道岔开通位置和尖轨密贴状态。

(3)道岔被挤时,中断道岔表示电路。

11. 电动转辙机启动片起什么作用?

参考答案:

(1)起输出轴与主轴之间的十字接头作用,使主轴随输出轴同时旋转。

(2)控制自动开闭器动作,在道岔转换前切断原表示电路,并为电动机反转准备条件。

12. 速动片与启动片间隙为什么要求在 0.5～2 mm 之间?

参考答案:如果速动片与启动片间隙小于 0.5 mm,易造成两片粘连,使速动片在未经启动片上的拨片钉拨动之前,就随启动片一起旋转。但大于 2 mm 时,又有可能造成速动爪滚轮压不住速动片而失控。

13. 电动转辙机挤切销的更换周期是如何规定的?

参考答案:

(1)正线转辙机挤切销:主销 3 t,半年更换一次;副销 3 t,不良更换。

(2)转辙机挤切销:主销 3 t,一年更换一次;副销 3 t,不良更换。

(3)连接销 5 t、9 t,入所更换。

14. 挤切销在电动转辙机中的作用和性能是什么?

参考答案:

(1)挤切销的作用:当发生挤岔事故时,可以保护道岔尖轨和电动转辙机不致损坏。

(2)挤切销的性能:挤切销能承受 29 420 N±1 961 N 的剪力,并保证第一个挤切销在动作杆与齿条块之间错位 3 mm 后即完全切断,不出现和第二个挤切销重叠的受力。

15. 电动转辙机安装移位接触器作业程序及技术标准是什么? 如何试验?

参考答案:

(1)作业程序及技术标准:

①齿条块顶杆与移位接触器触头对正,轴线偏差小于或等于 1.5 mm。

②移位接触器触头与齿条块顶杆间隙为 1.5 mm。

(2)试验方法:

取出主挤切销,用副销带动动作杆进行推拉试验和使用 2.5 mm 垫片进行试验,移位接触器接点应可靠断开,并不得自复。

16. 惯性轮的作用是什么? 如何试验?

参考答案:

(1)作用:与电动机轴间具有一定摩擦力,防止电动机停止瞬间反转,用其惯性吸收电动机反转力。

(2)试验方法:卡住电动机输出轴,用手扳惯性轮能够转动,有一定阻力。

17. 电动转辙机表示杆有什么作用?

参考答案:表示杆的作用是通过与开闭器的配合不间断地检查道岔开通位置和尖轨密贴状态,带辅助锁闭销的表示杆同时承担辅助锁闭功能,当道岔被挤时及时切断道岔表示电路。

18. 电动转辙机主轴有什么作用?

参考答案:主轴的作用有两个:一是通过主轴上锁闭齿轮与齿条块齿条的啮合传动,将旋转运动转换为直线运动,实现转换道岔的目的;二是通过主轴锁闭齿轮圆弧与齿条块削尖齿圆弧的配合完成转辙机的锁闭功能。

第二章　ZD7 型电动转辙机

ZD7 型电动转辙机用于驼峰调车场 43 kg/m 和 50 kg/m 钢轨 9 号及 9 号以下单开道岔和对称道岔，实现快速转换，改变道岔开通方向，锁闭道岔，反映道岔位置状态。转辙机转换力大，转换速度快。

第一节　ZD7 型电动转辙机结构

ZD7 型电动转辙机由电动机、减速器、自动开闭器、主轴、动作杆、表示杆、底壳及机盖等八部分组成。

ZD7 型电动转辙机分为 ZD7-A 和 ZD7-C 型，其主要技术特性应符合表 2-1-1 要求。

表 2-1-1　ZD7 型电动转辙机主要技术特性

型　　号	额定电压（V）	额定转换力（N）	动作杆动程（mm）	表示杆动程（mm）	转换时间（s）	动作电流（A）	摩擦电流（A）	备注
ZD7-A165/150	DC 180	1 470	165+2	86～167	≤0.8	≤6	7.8～8.7	不可挤
ZD7-C165/250	DC 180	2 450	165+2	86～167	≤0.8	≤11	13.5～16	不可挤

ZD7 型电动转辙机为不可挤型，转辙机内取消了移位接触器。与 ZD6 型电动转辙机相比，构造相近，其主要特点是转换速度快。ZD7 型电动转辙机除电动机、减速器特性与 ZD6 型不同外，其他部件基本相同。

一、电 动 机

ZD7 型电动转辙机采用的是直流串激电动机，比照 ZD6 型电动机其额定输出转矩有很大提高，具有很强的转换力，另外电动机在转速方面也转动得更快，特别适合驼峰快动转辙机使用，其电气特性应符合表 2-1-2 的要求。

表 2-1-2　ZD7 型电动转辙机电动机的电气参数

型　　号	额定电压（V）	额定转矩（N·m）	工作电流（A）	转速（r/min）	短时工作输出功率（W）	刷间总电阻（Ω）	单定子电阻（Ω）
ZD7-A	DC 180	2.403	≤5.6	≥3 000	750	2.5	0.41
ZD7-C	DC 180	4.2	≤10.6	≥3 250	1420	1.46	0.22

二、减 速 器

ZD7 型电动转辙机减速器采用的是一级行星减速，电动机轴端通过键与减速器输入轴进行连接，比照 ZD6 型电动转辙机取消了电动机小齿轮与减速器大齿轮的第一级减速，所以输出轴转动速度变得更快。

三、表 示 杆

为了保证道岔转换终了后自动开闭器检查柱能及时落入表示杆缺口内，不因尖轨与基本轨间密贴发生轻微变化而发生转辙机无法接通道岔表示造成转辙机回转原位，减少对驼峰作业的影响，所以将表示杆检查块缺口由 22 mm 改为 25 mm，检查柱落入检查块缺口间隙标准为 3 mm±1 mm。

四、动 作 杆

ZD7 型电动转辙机为不可挤型，动作杆与齿条块间使用直径为 18 mm 的圆形连接销(9t)连接。

ZD7 型电动转辙机安装在用于溜放作业的驼峰分路道岔上，为了防止溜放作业过程中转辙机因故卡阻无法转换到规定位置并锁闭，造成溜放车列发生脱轨事故，当转辙机开始转换后在规定时间内不能给出正确道岔表示时要能及时返回到原有位置，将因道岔故障引发的损失降到最小，所以在转辙机的检修过程中要保证转辙机的转换时间不大于额定转换时间。当 ZD7 型电动转辙机发生故障时会直接造成溜放车列的脱轨，所以对转辙机的检修必须严格执行标准，绝对不允许超寿命期的设备上道使用，为了进一步保证设备运用的稳定性，目前已将电动机改进为防断线电动机。北方地区还应考虑减速器内使用的润滑脂的低温效果，防止因润滑脂不良引发转辙机转换超时现象，必要时可在转辙机内安装加热装置来解决冬季低温天气下转辙机转换超时的问题。

第二节　ZD7 型电动转辙机常见问题分析及处理

一、转辙机转换超时

原因分析：

1. 电动机转速、功率低于规定标准值。

2. 电动机与减速器间安装配合不良；电动机轴与减速器输入轴间有别卡加大了转换阻力。

3. 减速器润滑脂填充过多。

4. 减速器内部有卡阻现象。

5. 自动开闭器拉簧拉力不足，联动机构卡阻造成自动开闭器接点蔫打。

6. 自动开闭器安装位置不正造成速动衬套偏磨。

7. 主轴套与机壳主轴孔配合不良，堵轴板顶住主轴套。

8. 减速器摩擦电流低。

9. 冬季润滑脂低温特性差。

处理方法：

1. 更换电动机。

2. 调整电动机轴与减速器输入轴间配合，达到同心安装。

3. 减速器润滑脂填充量不大于填充空间的 1/3。

4. 检查减速器内部存在卡阻的原因，重新进行调整组装。

5. 检查自动开闭器接点蔫打原因，对不合格部件进行更换。

6. 调整自动开闭器与底壳间安装位置，使自动开闭器、主轴轴度同心。

7. 转动主轴检查，更换主轴套或主轴。

8. 对减速器摩擦电流进行标调。

9. 更换低温特性好的润滑脂或安装加热装置。

习题与参考答案

1. ZD7 型电动转辙机的电动机与 ZD6 型电动转辙机的电动机对比，有什么特点？

参考答案：ZD7 型电动转辙机的电动机比照 ZD6 型电动转辙的电动机，其额定输出转矩有很大提高，具有很强的转换力，另外电动机在转速方面也转动得更快，特别适合驼峰快动转辙机使用。

2. ZD7 型电动转辙机的减速器与 ZD6 型电动转辙机的减速器对比，有什么特点？

参考答案：ZD7 型电动转辙机的减速器采用的是一级行星减速，电动机轴端通过键与减速器输入轴进行连接，对比 ZD6 型电动转辙机取消了电动机小齿轮与减速器大齿轮的第一级减速。

3. ZD7 型电动转辙机表示杆检查块缺口间隙有什么要求？

参考答案：表示杆检查块缺口由 22 mm 改为 25 mm，检查柱落入检查块缺口间隙标准为 3 mm±1 mm。

4. ZD7-A 型电动转辙机动作电流和摩擦电流标准分别是多少？

参考答案：ZD7-A 型电动转辙机动作电流不大于 5.6 A，摩擦电流应调整在 7.8～8.7 A 之间。

第三章　ZD(J)9 系列电动转辙机

ZD(J)9 系列电动转辙机借鉴了国内外转辙设备上的先进结构，结合我国铁路线路和道岔的实际情况自行研发设计的一种转辙设备。该设备具有结构简单、转换锁闭可靠、维护工作量少，耐腐蚀、长寿命、转换力大、效率高等特点。它有着安全可靠的机内锁闭功能，既可适用于联动内锁道岔，也可适用于分动外锁闭道岔，既适用于单点牵引，又适用于多点牵引，安装时既可角钢安装也可托板安装，性能指标满足多种线路站场转换道岔的需要。

ZD(J)9 系列电动转辙机型号组成及表示含义如下：

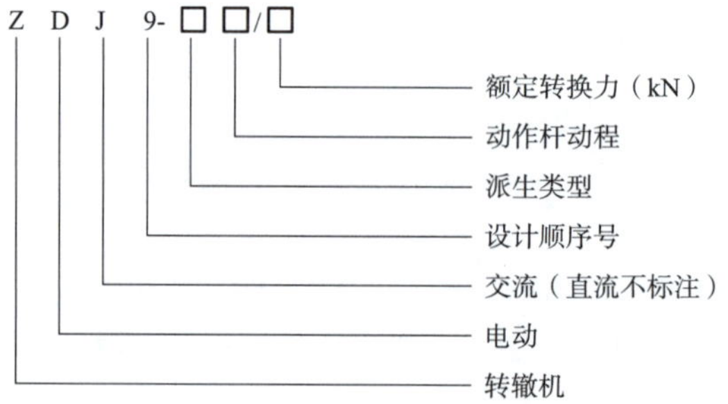

第一节　ZDJ9 型电动转辙机结构

ZDJ9 型电动转辙机采用滚珠丝杠减速，具有高效的特点，电动机采用三相交流电动机，故障率低；电缆单芯控制距离长；伸出杆件表面进行镀铬，防锈效果好；机内各滑动面和转动面均采用了 SF2 复合衬套和衬板，增加抗磨性，减少动作阻力。ZDJ9 型电动转辙机根据安装位置的不同分为可挤型和不可挤型转辙机。

ZDJ9 型电动转辙机主要由底壳、机盖、电动机、减速器、摩擦联结器、推板套、动作板、锁块、锁闭铁、接点座、动作杆、锁闭(表示)杆、安全接点组和接线端子等部件组成，如图 3-1-1 所示。

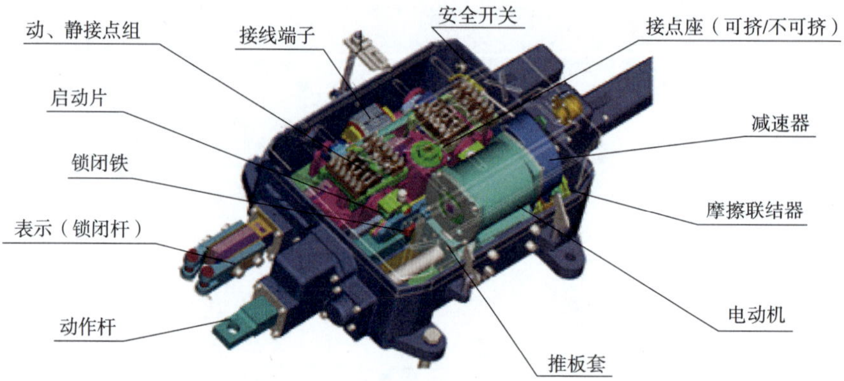

图 3-1-1　ZDJ9 型电动转辙机结构

一、电 动 机

采用三相交流电动机额定电压为 380 V,功率 0.4 kW,额定转矩 2 N·m,转速 1 330 r/min,过载能力强,在额定转矩 1.5 倍情况下可安全使用,轴承采用 NSK 双面密封轴承,如图 3-1-2 所示。

二、减 速 器

减速器将电动机输出的高转速、低转矩的机械能转换成低转速、高转矩的机械能。减速器通过齿轮传动形成两级减速,齿轮安装在半封闭式齿轮箱内,通过箱壳固定于电动机上。ZDJ9-220/2.5k 型减速器第一级减速比为 38/26,第二级减速比为 46/18,总变速比为 3.74,ZDJ9-150/4.5k 型减速器第一级减速比为 44/20,第二级减速比为 46/18,总变速比为 5.63,ZDJ9-170/4k 型减速器第一级减速比为 42/22,第二级减速比为 46/18,总速比为 4.89,这是为了满足多点牵引时各转辙机达到宏观同步的要求。减速器组构造如图 3-1-3 所示。

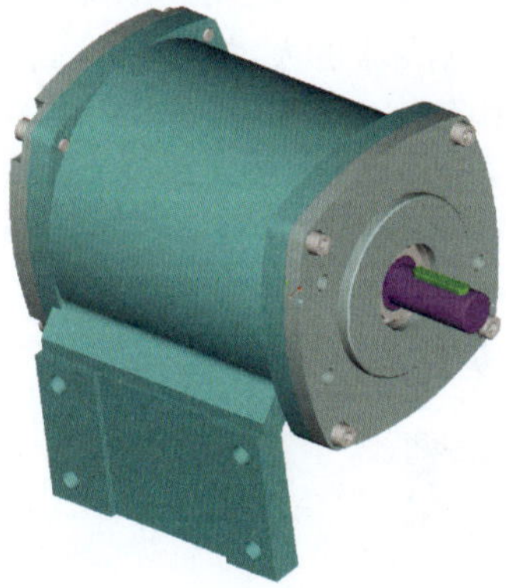

图 3-1-2 电动机

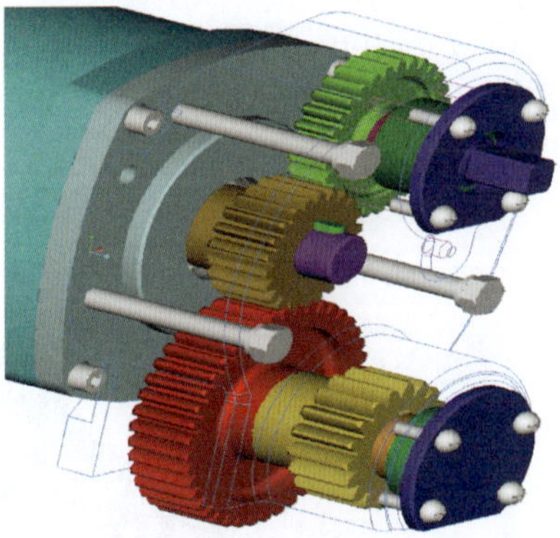

图 3-1-3 减速器组

三、摩擦联结器

摩擦联结器起摩擦联结功能,当道岔转换卡阻时通过摩擦联结器消耗掉电动机的输出转矩,保护电动机不被烧损。摩擦联结器采用干式摩擦,采用四片外摩擦片和三片内摩擦片,用 12 个弹簧施加压力进行调整。摩擦联结器摩擦力调整一般为转辙机额定负载力的 1.5 倍左右,ZDJ9-220/2.5k 型转辙机摩擦力应调整为 3.8 kN±0.4 kN,ZDJ9-150/4.5k 型转辙机摩擦力应调整为 6.8 kN±0.7 kN,ZDJ9-170/4k 型转辙机摩擦力应调整为 6.0 kN±0.6 kN,正反向摩擦力偏差应不大于 1 kN。摩擦力的调整是通过压缩摩擦联结器内部的弹簧从而加大摩擦片间的摩擦力来实现的,在日常使用中要防止摩擦联结器内部进油进水降低摩擦力,特别是对摩擦联结器齿轮和滚珠丝杆涂油时切勿过多,以防止油脂渗入摩擦联结器内部,当转辙机摩擦力无法进行标调时需及时更换摩擦联结器。摩擦联结器内外部构造如图 3-1-4 和图 3-1-5 所示。

图 3-1-4　摩擦联结器

图 3-1-5　摩擦联结器分解示意

四、滚珠丝杠

滚珠丝杠通过与丝杠母、推板套的配合将旋转运动转换成直线运动。滚珠丝杠选用国产磨削丝杠，直径为 32 mm，导程为 10 mm，由于导程大所以滚珠也大，故可靠性高。滚珠丝杠转动一周，推板套走行一个螺距。滚珠丝杠与推板套结构如图 3-1-6 所示。

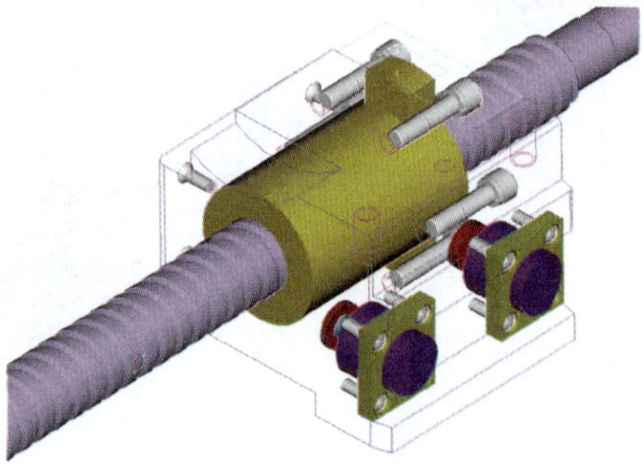

图 3-1-6　滚珠丝杠与推板套

五、推 板 套

推板套推动动作杆移动，控制转辙机的解锁、转换与锁闭，同时与锁闭铁、动作杆、锁块配合完成转辙机内锁闭功能。丝杠母镶嵌在推板套内部并与推板套有 1 cm 左右的空动间隙，此间隙主要作用一是克服交流电动机启动转矩低的特性，在电动机启动瞬间通过丝杠母在推板套内的空动保证电动机顺利启动，另一个作用是道岔反弹时防止丝杠母直接带动推板套动作。推板套与动作杆间加有阻尼机构，推板套上安装有 2 个摩擦头，通过弹簧弹力压在动作杆侧面，道岔转换终了时，通过推板套上的摩擦块在动作杆侧面上摩擦阻力而吸收掉道岔转换到位后剩余的惯性。为了防止摩擦头过度磨耗，应注意对动作杆侧面与摩擦头接触部位的涂油，以减少磨损，如现场使用中发现转辙机有倒表示情况，且摩擦力调整均在标准范围内时应考虑是否因摩擦头磨损过度作用不良而引发。推板套内部结构如图 3-1-7 所示。

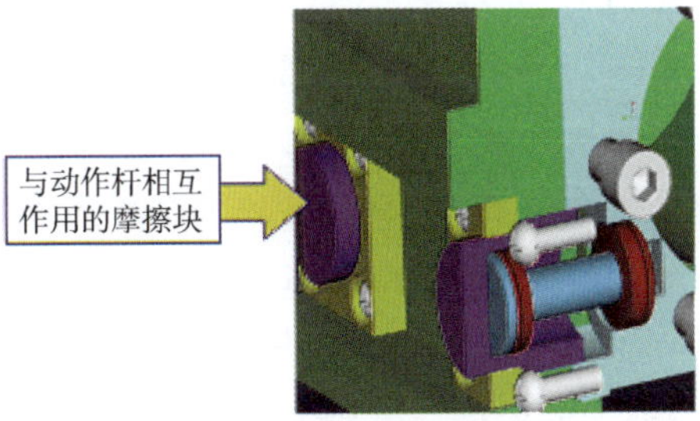

图 3-1-7　推板套

六、接 点 座

接点座通过机械动作控制电气接点转换。接点座构造与 ZD6 型电动转辙机相似，如图 3-1-8 所示，ZDJ9 型电动转辙机面向转辙机站在开盖方向，接点顺序从左至右分别为 1、2、3、4 排，每排接点顺序以第一排为例，从下至上分别为 11、12、13、14、15、16，与 ZD6 型电动转辙机相反。启动片、动接点支架和锁闭柱(检查柱)拐臂通过花键轴连接在一起，接点座各轴孔间均加装有 SF2 复合衬套以减小磨耗和转换阻力，锁闭柱、检查柱上均设有油槽，需要定期注油以防止卡阻，锁闭柱(检查柱)侧面与锁闭杆(表示杆)的相应缺口间隙为转辙机的表示缺口。缺口间隙如图 3-1-9 所示。

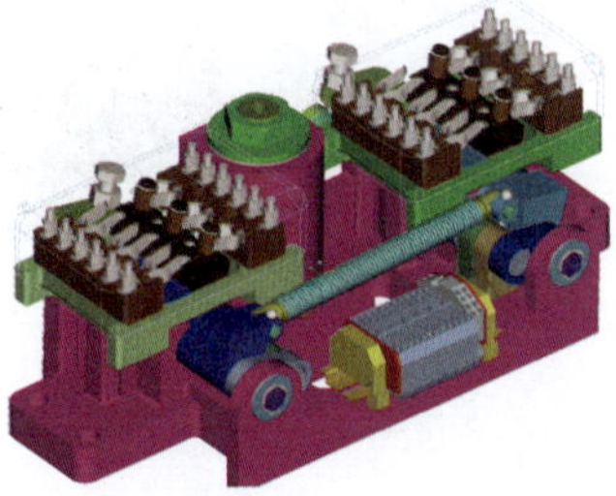

图 3-1-8　接点座

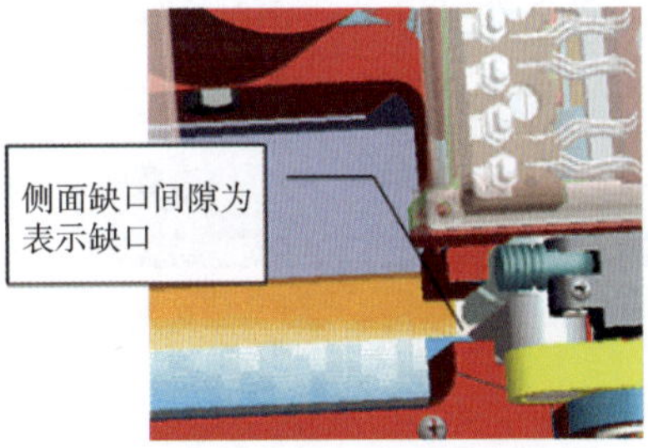

图 3-1-9　锁闭柱与锁闭杆缺口间隙

七、动 作 杆

动作杆带动道岔转换，动作杆上安装有两个锁块，通过锁块与锁闭铁的配合构成转辙机的内锁闭功能，通过推板套推动锁块带动动作杆移动。

八、锁闭(表示)杆

锁闭(表示)杆通过与接点座的配合不间断地检查尖轨与基本轨的密贴状态，根据与外部连接方式的不同，分为联动锁闭杆(表示杆)和分动锁闭杆(表示杆)，锁闭杆锁闭后能承受 30 kN 的轴向锁闭力。

(一)分动锁闭(表示)杆的调试方法

由于两根锁闭(表示)杆互相没有连接，因此调整时不分先后顺序。使转辙机转换到拉入锁闭位或伸出锁闭位，调整外部连接杆件使转辙机锁闭(表示)杆水平移动，直至锁闭(检查)柱落入检查缺口且两侧间隙基本相等，即分动锁闭杆的单侧间隙调整为 2 mm±0.5 mm，分动表示杆的单侧间隙调整为 4 mm±0.5 mm，锁紧外部连接杆件的调节部位。

（二）联动锁闭（表示）杆的调试方法

由于两根锁闭（表示）杆互相连接，因此调整时必须注意先后顺序。先使转辙机处于拉入锁闭状态。调整外部连接杆件使转辙机锁闭（表示）杆水平移动，直至锁闭（检查）柱落入检查缺口且两侧间隙基本相等，即锁闭杆的单侧间隙调整为 2 mm±0.5 mm，表示杆的单侧间隙调整为 4 mm±0.5 mm，然后锁紧外部连接杆件调节部位。再使转辙机处于伸出锁闭状态。松开连接螺栓（先将连接螺栓螺母松开，然后再旋松螺栓杆）。旋下联动锁闭（表示）杆尾部的保护管。用扳手或一字螺丝刀旋转杆件尾部的调整杆。旋转调整杆使锁闭（表示）杆相对移动，直至锁闭（检查）柱落入检查缺口且两侧间隙基本相等，即锁闭杆的单侧间隙调整为 2 mm±0.5 mm，表示杆的单侧间隙调整为 4 mm±0.5 mm。调整完毕拧紧连接螺栓（先将螺栓杆旋紧，然后将连接螺栓螺母紧固），并旋上表示（锁闭）杆处的保护管。锁闭柱和检查柱外形结构如图 3-1-10 和图 3-1-11 所示。

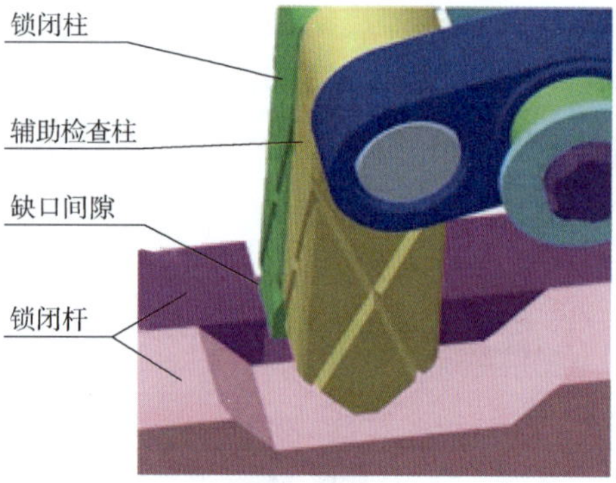

图 3-1-10　锁闭柱

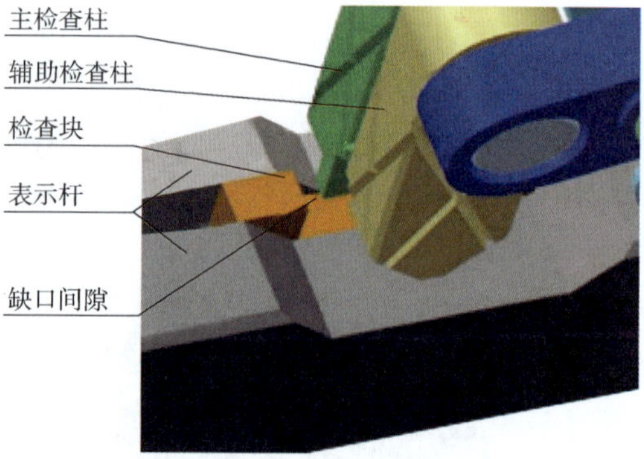

图 3-1-11　检查柱

九、安全接点组

安全接点组用于手摇转辙机时断开转辙机电动机三相电源中的一相，保护作业人员的人身安全。安全动接点通过连杆与电动机前端盖相连，当接点接通时，电动机头部的手摇把轴被挡片挡住，手摇把无法插入。当接点断开时，通过连杆的带动使手摇把挡板发生偏转，露出手摇把轴头。安全接点断开后非经人工恢复不能重新接通。

十、接线端子

接线端子采用万可端子固定在接点座上，用于机内各引线和机外引线的连接。

第二节　ZDJ9 型电动转辙机工作原理

一、ZDJ9 型电动转辙机工作原理

以转辙机右开拉入定位为例，此时转辙机 1、3 排接点闭合，定位锁块在推板套的辅助下与

锁闭铁构成定位锁闭状态，如图 3-2-1 所示。现使动作杆向右移动，其传动过程如下：ZDJ9 型电动转辙机电动机启动电路构成后，来自道岔控制电路的电流经由接点座的第 1 排接点接至电动机，使电动机按逆时针方向旋转（从电动机后端看），电动机头部的小齿轮带动减速器组中的中间齿轮一起旋转并共同配合完成转辙机的第一级减速；中间齿轮同时带动摩擦联结器上的带槽齿轮旋转完成第二级减速。摩擦联结器内的摩擦片通过键连接驱动滚珠丝杠逆时针旋转，丝杠旋转时驱动丝母做直线运动，带动推板套向右移动，推板套上的动作板斜面将接点座上的启动片顶起，启动片带动动接点支架转换切断道岔表示电路，同时将锁闭柱（检查柱）抬起，使锁闭（表示）杆解锁。

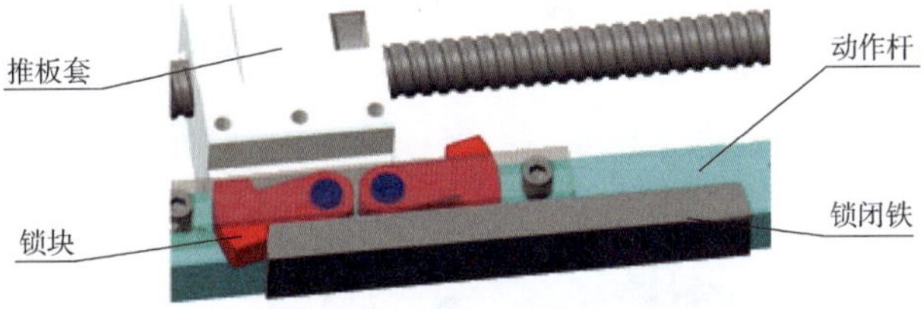

图 3-2-1 定位锁闭状态

当推板套移动到离开锁块的锁闭作用面时，锁闭铁对动作杆失去锁闭作用，使动作杆处于解锁状态，此时启动片已完全上升到动作板平面，转辙机完成解锁过程，如图 3-2-2 所示。

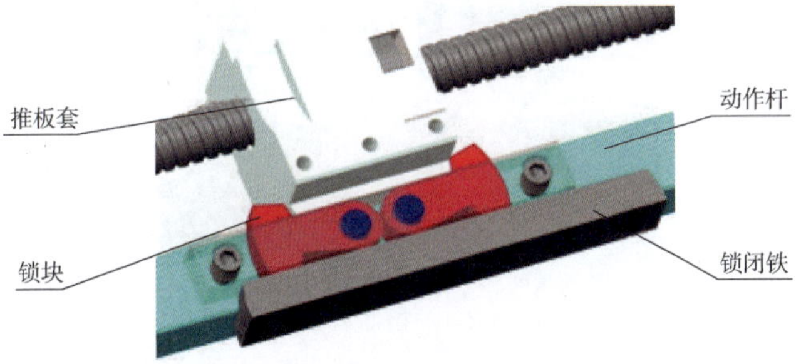

图 3-2-2 解锁状态

电动机继续旋转，推板套推动动作杆上反位锁块，动作杆上的反位锁块被锁闭铁顶住无法转动，反位锁块带动动作杆移动完成道岔的转换过程。

当道岔转换终了时，动作杆上的反位锁块被推板套压入锁闭铁的斜面上，反位锁块与锁闭铁形成内锁闭，推板套继续向右移动，此时反位启动片尖端离开速动片上平面，在弹簧的作用下启动片快速从动作板上打落，带动锁闭（检查）柱落下和接点快速转换，切断电动机启动电路，同时接通道岔反位表示电路，此时道岔转换过程结束，处于反位锁闭状态，如图 3-2-3 所示。

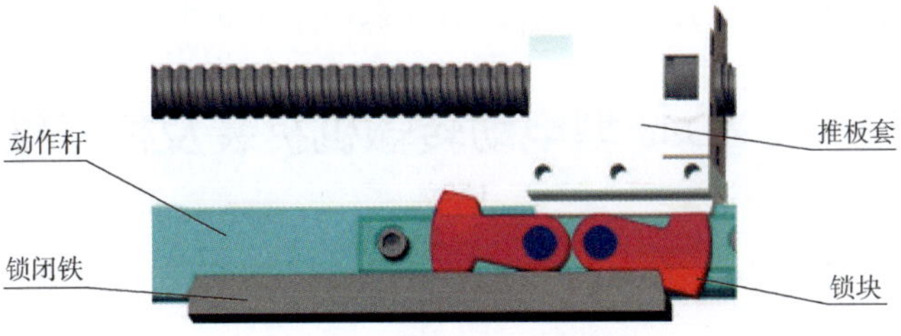

图 3-2-3 反位锁闭状态

二、挤脱工作原理

ZDJ9 型电动转辙机分可挤型和不可挤型。

不可挤型转辙机无挤脱器，一般用于多机牵引的第一牵引点和可动心轨辙叉的第一牵引点，转辙机挤岔时由多机牵引的其他牵引点给出挤岔表示。

可挤型转辙机的可挤接点座中设有挤脱结构，其挤脱力被设定为28 kN±2 kN。发生挤岔时，在挤岔力作用下，动作杆带动锁块移动使锁闭铁产生一定位移，锁闭铁移动挤压滚柱上升至锁闭铁槽顶平面，滚柱带动挤脱柱压缩碟簧组；同时锁闭铁移动使水平顶杆推动竖顶杆向上移动，竖顶杆推动支架旋转，使动接点组脱离静接点组，从而切断已接通的第 2 或第 3 排接点。挤岔发生后不能自动恢复，必须经人工将锁闭铁复位后表示接点才能重新接通。挤脱器结构如图 3-2-4 所示。

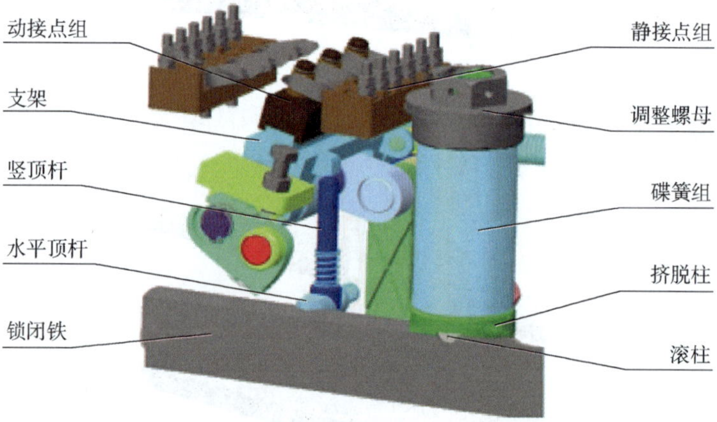

图 3-2-4　挤脱器结构

三、挤脱器挤脱后的恢复

当可挤接点座的挤脱结构发生挤脱后，首先手动将转辙机转换至解锁位置，然后松开调整螺母，取出调整垫圈，取出挤脱柱（连带碟簧一起取出），轻敲锁闭铁一端，使其恢复到挤脱前的状态，装入挤脱柱调整垫圈，并旋紧调整螺母，最后用摇把将转辙机恢复到终点位置。如果恢复时轻敲锁闭铁不能使锁闭铁移动，则有可能是挤岔时锁闭铁移动量过大，造成锁闭铁一端移动超过水平顶杆，恢复时锁闭铁不能移动，此种情况下，必须把接点座卸下以后才能恢复。挤岔后转辙机挤脱器的现场恢复为应急处理措施，应及时下道检修。

第三节　ZDJ9 型电动转辙机拆装及检查维护

一、主要零部件拆装

（一）电动机拆卸

将转辙机摇于解锁位置，松开接线端子上的电动机线，卸下手摇把连板部件上的螺钉销从而卸下通往手动开关的连杆，松开四个电动机紧固螺栓，就可方便地取出电动机减速器，在工作台上卸下减速器上的三个紧固螺栓就可卸下电动机。

(二)表示杆(锁闭杆)、方孔套、端盖拆卸

转辙机解锁状态下，左右两个启动片均位于动作板上表面，在这个位置上表示杆(锁闭杆)可以被拽出。松开方孔套的四个内六角固定螺钉将表示杆(锁闭杆)的导向方孔套一起拆下，松开余下的二个螺栓将端盖拆卸。组装时需将方孔套、端盖、转辙机底壳的各密封面表面处理干净平整，然后用密封胶涂抹表面，再用螺钉紧固。

(三)接点座拆卸

拆下端子座上电动机线和安全接点连线再松开接点座固定螺丝，即可拆下接点座。更换开闭器接点组后必须进行调整工作，以保证动接点环打入静接点片深度适中，现场更换带挤脱器接点座时应将转辙机摇至“四开”位置，以防止重新安装接点座时接点座上锁闭铁不能落入锁块锁闭位置，导致接点座安装困难。

(四)动作杆的拆卸

拆下接点座后，将两个锁块都偏向接点座方向，拆下靠近动作杆伸出位置的端盖，拉出动作杆。

(五)滚珠丝杠的拆卸

将位于摩擦联结器一端的丝杠盖和远离摩擦联结器一端的丝杠盖拆下。拆卸滚珠丝杠时，首先用一字螺丝刀将止动垫圈的尖齿从圆螺母的槽中拉出，然后松脱圆螺母，可用勾板子卡进圆螺母的槽中，转动滚珠丝杠就可以松开，切勿破坏滚珠轴承处的挡环。在靠近摩擦联结器一端的丝杠端头用铜棒敲击丝杠，将调整套和摩擦联结器取出，最后用卸轴器将另一端大轴承卸下，就可取出滚珠丝杠及推板套。在工作台上松开压盖上的螺钉，从而抽出滚珠丝杠。注意丝杠母不要从丝杠中退出。在安装时应注意：推板套必须移动至中间位置，动作杆上的锁块全部偏向推板套一边时，才能安装接点座。

(六)摩擦联结器的拆卸

松开滚珠丝杠在双列向心球轴承前部的圆螺母，依次取出轴承和摩擦联结器。之后放在工作台上进行拆除。

(七)锁块的拆卸

松开加强板上的两个M12的螺钉，卸下加强板，取出锁块。在安装锁块时则按相反顺序进行。

(八)手动开关的拆卸

卸下螺钉销以摘开连杆到电动机的机械连接。卸下手动开关罩壳，松开接线螺钉，旋松两个紧固螺钉，即可卸下手动开关。

以上为主要零部件的拆卸。安装则需按相反的次序进行，但必须按组装工艺(例如部件清洗、检查、涂润滑脂等)进行操作。

二、转辙机主要检查项点

1. 检查动作杆和检测杆的外部连接孔与螺栓销是否有明显旷量，当旷量大于0.5 mm时应及时更换磨损的SF2衬套或螺栓销。

2. 机盖密封胶条弹性良好，整机防尘、防水性能良好。

3. 使用扳手检查机内各部位螺栓紧固，无松动，重点检查丝杠头部远离摩擦联结器侧端盖紧固情况，转辙机在每次转换时端盖都受到横向的冲力和振动，容易造成端盖松动。对机内螺栓做标记：紧固受力侧丝杠盖的 4 个螺钉，固定接点座的 4 个螺栓，挤脱器的 1 个调整螺母，固定动作板的 3 个螺栓，摩擦联结器上的 2 个锁紧片，固定减速器的 3 个螺栓。

4. 检查开闭器及各接线端子接线良好。

5. 安全开关接通时，检查连板应有效阻止手摇把插入手摇短轴，且手摇短轴与连板不接触。安全开关断开时，检查手摇把应能顺利地插入手摇短轴手摇转辙机。安全开关断开后非经人工恢复不得接通电路。

6. 检查动、静接点的接点压力(8～10 N)、接点磨耗情况和接触深度。

7. 开闭器拉簧良好，检查滚轮从动作板上落下时，接点打入应速动，动接点轴两端卡簧应无松脱。

8. 检查启动片滚轮在动作板上滚动灵活，落下后不与动作板相碰，当滚轮在动作板上滚动时，启动片尖端离开速动片上平面间隙应在 0.3～0.8 mm 范围内，启动片距离动作板侧面应有一定间隙，间隙不应小于 1 mm。

9. 检查速动片弹簧弹力良好，速动片弹出灵活，无卡阻。

10. 电动机和减速器组各齿轮间配合良好，转动灵活，无卡阻，无异常噪声。

11. 检查锁闭柱(检查柱)落入锁闭杆(表示杆)缺口内两侧间隙应均匀。

12. 测试转辙机的摩擦联结器的摩擦力应为额定转换力的 1.5 倍。

13. 手摇转辙机至拉入锁闭位和伸出锁闭位，检查推板套与锁块摩擦面、锁块与锁闭铁的摩擦面无明显磨损。

14. 检查转辙机转换到位后，目测推板套应无明显反弹。当推板套反弹使动作板端头斜面距离滚轮小于 10 mm 时，如果转辙机外部供电正常，则应检查摩擦转换力是否正常，如果将摩擦力调至正常范围内不能解决此问题，则该转辙机应重新更换摩擦头。

15. 电操转辙机转换至少一个往返，目测滚珠丝杠组相对转辙机底壳侧壁应无宏观的窜动。

三、ZDJ9 型电动转辙机主要技术特性(表 3-3-1)

表 3-3-1　ZDJ9 型电动转辙机主要技术特性

型　　号	动程(mm)	锁闭(表示)杆动程(mm)	额定转换力(kN)	电源电压(V)	工作电流(A)	动作时间(s)	挤脱力(kN)	单线电阻(Ω)	适用道岔类型
ZDJ9-170/4k	170±2	152±4	4	AC 380	≤2	≤5.8	28±2	≤54	尖轨动程 152 mm 以下的道岔，双杆内锁。可挤
ZDJ9-A220/2.5k	220±2	160±4	2.5	AC 380	≤2	≤5.8	—	≤54	分动外锁双机牵引第一牵引点，三机牵引第一牵引点，心轨第一点。不可挤，双杆内锁

续上表

型　号	动程(mm)	锁闭(表示)杆动程(mm)	额定转换力(kN)	电源电压(V)	工作电流(A)	动作时间(s)	挤脱力(kN)	单线电阻(Ω)	适用道岔类型
ZDJ9-B150/4.5k	150±2	75±4	4.5	AC 380	≤2	≤5.8	28±2	≤54	分动外锁双机牵引第二牵引点，三机牵引第三牵引点，心轨第二点。可挤，单杆内锁
ZDJ9-C220/2.5k	220±2	160±20	2.5	AC 380	≤2	≤5.8	—	≤54	分动外锁多机牵引道岔第一牵引点。不可挤，双杆内锁
ZDJ9-D150/4.5k	150±2	75±20	4.5	AC 380	≤2	≤5.8	28±2	≤54	联动道岔第二牵引点。可挤，单杆内锁
注：应根据道岔类型选用锁闭(表示)杆。									

四、转辙机维护注油

按上述内容检查良好后对转辙机内部各部位进行注油。

1. 动作杆、表示杆毛毡注润滑油，通过动作杆、表示杆方孔套上注油孔注润滑油。

2. 滚珠丝杠涂润滑脂，在丝杠远离摩擦联结器端表面涂润滑脂。

3. 机壳与推板套滑动面涂润滑脂，机壳底部衬板和侧壁滑动面涂润滑脂。

4. 减速器齿轮组与摩擦联结器带槽齿轮表面涂润滑脂，润滑脂不能过多，否则在转辙机转换时会甩出到转辙机内部。

5. 推板套摩擦头与动作杆侧面摩擦部位涂润滑脂，在转辙机拉入和伸出时分别对推板套两侧的动作杆侧面涂润滑脂。

6. 动作杆锁块与锁闭铁锁闭面涂润滑脂。

7. 动作板上平面(滚轮滚动面)涂润滑脂。

8. 速动片涂润滑脂，将速动片推入动作板内，对动作板与速动片滑动面涂润滑脂。

9. 滚轮注润滑油。

10. 自动开闭器锁闭柱(检查柱)表面涂润滑脂。

第四节　ZD9-S 型电动转辙机

一、ZD9-S 型双杆直流电动转辙机的用途

1. 用于转换复式交分道岔的尖轨。

2. 锁闭道岔尖轨。

3. 反映道岔尖轨位置状态。

二、转辙机型号组成及表示含义

ZD9-S 型电动转辙机型号组成及表示含义如下：

ZD 9 - S 170 / 2.5 k

- 2.5 k：每根动作杆的额定转换力2.5 kN
- 170：动作杆动程170 mm
- S：双组动作杆、表示杆
- 9：派生序号
- ZD：电动转辙机

三、转辙机的主要技术参数（表 3-4-1）

表 3-4-1　ZD9-S170/2.5k 型转辙机主要技术参数

型　　号	ZD9-S170/2.5k
额定电压 DC(V)	160
额定转换力(kN)	每一根动作杆的转换力 2.5
动作杆动程(mm)	每一根动作杆的动程 170
表示杆动程(mm)	152±4
工作电流(A)	≤2
动作时间(s)	≤12
摩擦电流(A)	2.2～2.8

四、转辙机结构及动作原理

（一）ZD9-S 型电动转辙机的结构

ZD9-S 型电动转辙机由底壳、机盖、电动机减速器组、滚珠丝杠、自动开闭器、2 根动作杆、2 根表示杆组成，如图 3-4-1 所示。

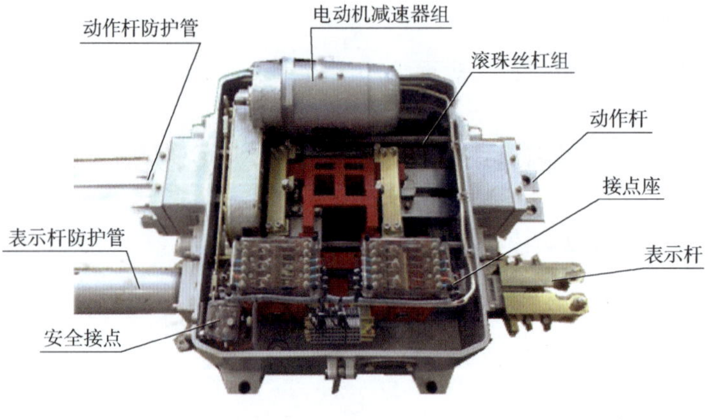

图 3-4-1　ZD9-S 型电动转辙机结构

（二）转辙机的动作原理

1. 转换锁闭原理

电动机旋转通过减速器减速后带动两组摩擦联结器同时旋转，两组滚珠丝杠同时旋转时通过丝杠推动两组推板套同时运动，两组推板套推动两组动作杆同时运动，同时转换两组道岔，转辙机转换到位后又同时锁住两组动作杆。

2. 表示原理

两组推板套同时运动，推板套带动本身的两组动作板同时运动，开闭器上的两组启动片同时抬起或落下带动动接点组在静接点组中转换，在启动片都落下后，带动开闭器接点转换，切断电动机动作电路，接通表示电路。

3. 两套相同的转换系统

ZD9-S 型双杆直流电动转辙机有两套相同的实现道岔转换功能的转换系统，即两组滚珠丝杠组、两组推板套组、两组动作杆组。它们由一个电动机通过减速器中的齿轮机构同时驱动，实现了两组道岔既能够同时转换、锁闭，又能够分别调整，互不干涉。

4. 机内锁闭与解锁

ZD9-S 型双杆直流电动转辙机的内锁机构是用一个锁闭铁同时锁住两组动作杆，最终同时将两组道岔的尖轨锁闭。两组动作杆的锁闭原理是相同的，具体如下：

如图 3-4-2 所示，推板套、动作杆运动至终端位置，动作杆处于被锁闭状态。因锁块一侧被推板套压住，另一侧的斜面被锁闭铁的斜面挡住，所以锁块既不能旋转也不能向右移动，动作杆也不能向右移动，即为锁闭状态。

如图 3-4-3 所示，推板套、动作杆为转换中的状态。推板套向右运动一定距离后，左侧锁块可以旋转，不再被锁闭铁阻挡，即为解锁，此时推板套可以带动右侧锁块同时带动动作杆向右运动。

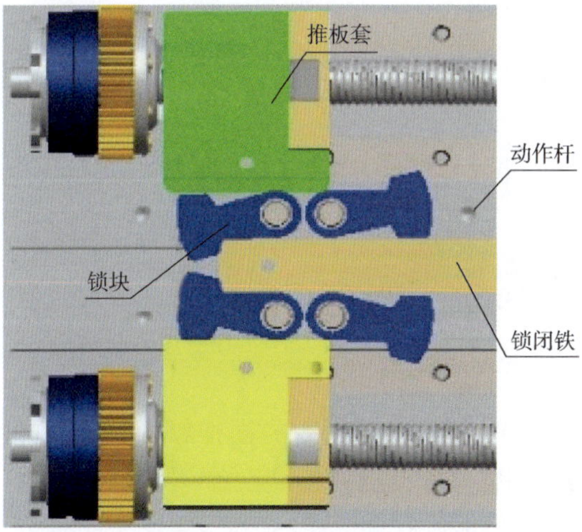

图 3-4-2　锁闭状态

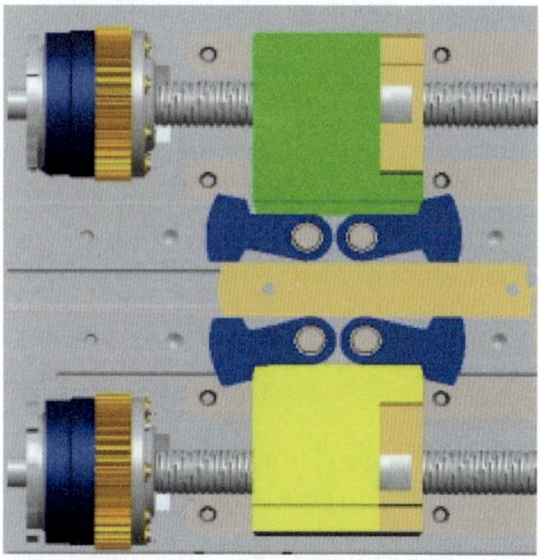

图 3-4-3　解锁状态

5. 转辙机的表示功能

ZD9-S 型双杆直流电动转辙机有两组表示杆，分别与两组道岔的四根尖轨相连。两组表示杆同时与同一个接点座的接点相关联，实现可同时反映两组道岔尖轨位置状态的功能，又可以分别调整，互不干涉。

6. 过载保护功能

系统的过载保护是由摩擦联结器来实现的。当道岔转换过程中遇阻，如道岔结有冰雪或有石块卡阻，且阻力超过摩擦联结器所设定的力值时，摩擦联结器开始工作，使电动机与减速器空转，而滚珠丝杠停止旋转，从而保护电动机以及整个转辙机设备不被损坏。

7. 转辙机的手动功能

ZD9-S 型电动转辙机具有与 ZDJ9 型电动转辙机相同的手动功能，扳动安装在箱体外部的手动杆，通过一个连杆使连板顺时针旋转，露出被连板挡住的方轴，将手摇把插在方轴上就可以手摇操纵转辙机工作，如图 3-4-4 所示。在扳动手动杆的同时，位于箱体内的动插头随之旋转断开安全接点，使手动操作在断电情况下进行。当手动操作完成之后取出手摇把，扳动手动杆使安全接点接通，同时连扳挡住方轴，使手摇把不能插入，这时就可以电动操作转辙机了。

图 3-4-4　ZD9-S 型电动转辙机手动装置

五、转辙机摩擦力的调整方法

摩擦力调整示意如图 3-4-5 所示。

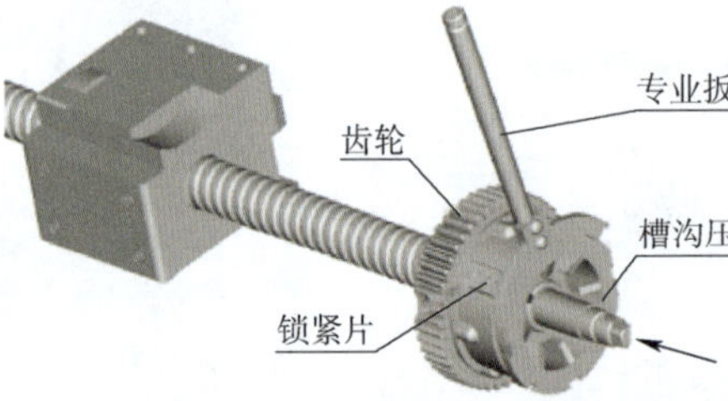

图 3-4-5　摩擦力调整示意图

1. 检测摩擦力（摩擦电流）时必须将 1、3 尖轨或 2、4 尖轨同时夹同样厚度且厚度尺寸大于 15 mm 的障碍物。调整摩擦力时需同时均匀调整 2 个摩擦联结器。

2. 用改锥轻撬锁紧片使之抬起至不影响槽沟压母的旋转。

3. 将专用扳手卡住槽沟压母使之不能转动，同时用手摇把摇动电动机，带动摩擦联结器上的齿轮旋转。

4. 齿轮逆时针旋转为增大摩擦力，顺时针旋转为减小摩擦力（按照箭头方向面对齿轮）。

5. 摩擦力调好后，取下专用扳手，将锁紧片压下并卡在槽沟压母上对应的槽内，以防止槽沟压母松脱。

6. 调试摩擦力时,应用测力仪来监控力值的大小,当测力仪显示的力值符合标准要求时,调试工作结束。

7. 严禁将摩擦力调至超出标准上限值,否则会损坏尖轨,降低摩擦联结器使用寿命,甚至在道岔夹有异物时有可能造成道岔错误锁闭。

第五节　ZDJ9型电动转辙机常见问题分析及处理

一、转辙机不动作

原因分析:

1. 转辙机无三相交流电输入或输入缺相。
2. 安全接点接触不良。
3. 接点座上接点接触不良。
4. 接线端子上引接线插接不良。
5. 电动机绕组断线或短路。
6. 电动机转动卡阻。

处理方法:

1. 检查三相交流电是否接入转辙机接线端子上。
2. 检查安全接点接触状态。
3. 检查接点座上各接点接触情况,对不合格的进行调整。
4. 检查机内插接线和引入线在接线端子上的插接情况,对接触不良位置重新插接。
5. 检查电动机绕组是否断线或短路,检查电动机不良须及时更换。
6. 手摇电动机检查电动机与各齿轮间的配合有无卡阻,发现卡阻时进行调整。

二、电动机正常转动,摩擦联结器处于摩擦状态

原因分析:

1. 转辙机内各部件间发生卡阻。
2. 摩擦联结器调整不良,摩擦力低于额定负载力。

处理方法:

1. 手摇检查转辙机内各部件的转换,查找卡阻原因并处理。
2. 对摩擦联结器的摩擦力进行调整,摩擦力应为额定负载力的1.5倍左右,调整时应采取"调进两格、后退一格"的方式进行。

三、转辙机转换到位后无表示

原因分析:

1. 道岔调整不良,锁闭(检查)柱不能打入锁闭(表示)杆的缺口内。
2. 接点座上各接点间接触不良,引线端子固定不良,松动。
3. 接线端子上引线插接不良,松动。

处理方法：

1. 对道岔进行调整。
2. 检查接点座上各接点的接触情况，对不合格的进行调整，检查内部配线安装牢固。
3. 检查接线端子上引线插接情况，重新插接或更换不良万可端子片。

四、转辙机进水

原因分析：

1. 机盖调整不当，盘根压力不足。
2. 机盖变形，机盖上有裂纹。
3. 防护管、方孔套与机壳间密封胶涂抹不均匀，存在渗水。
4. 两片锁闭（表示）杆间未涂润滑脂，雨水通过两杆缝隙渗入机内。
5. 转辙机安装不水平，仰头。

处理方法：

1. 对机盖弹力进行调整。
2. 更换不良机盖。
3. 对各密封面涂密封胶进行防水处理。
4. 将锁闭（表示）杆间涂润滑脂。
5. 通过水平尺检查转辙机安装是否水平，通过前后加垫进行调整。

五、接点座接点转换卡阻

原因分析：

1. 拉簧拉力不足。
2. 检查（锁闭）柱与接点座孔间有杂质，发生卡阻。
3. 拐臂销轴固定不良，窜出卡接点座。
4. 复合衬套不平直，表面有毛刺、缺油，轴套锈蚀卡阻。
5. 各联动部件间缺油。

处理方法：

1. 更换不良拉簧。
2. 分解清洗检查（锁闭）柱，对接点座上各工作面进行处理，保证工作面光滑无锈蚀和油漆存在。
3. 检查拐臂销轴固定情况，发生窜动时进行更换。
4. 对复合衬套表面毛刺进行处理，涂润滑脂，更换锈蚀轴套。
5. 对各联动部件间注润滑油。

习题与参考答案

1. ZDJ9 型电动转辙机主要由哪些部件组成？

参考答案：ZDJ9 型电动转辙机主要由底壳、机盖、电动机、减速器、摩擦联结器、推板套、动作板、锁块、锁闭铁、接点座、动作杆、锁闭（表示）杆、安全接点组和接线端子等部件组成。

2. ZDJ9-220/2.5k 型和 ZDJ9-150/4.5k 型转辙机减速器的各级减速比各为多少？

参考答案：ZDJ9-220/2.5k 型减速器第一级减速比为 38/26，第二级减速比为 46/18，总变速比为 3.74；ZDJ9-150/4.5k 型减速器第一级减速比为 44/20，第二级减速比为 46/18，总变速比为 5.63。

3. ZDJ9-S 型电动转辙机摩擦力如何调整？

参考答案：

(1)检测摩擦力(摩擦电流)时必须将 1、3 尖轨或 2、4 尖轨同时夹同样厚度且厚度尺寸大于 15 mm 的障碍物。调整摩擦力时需同时均匀调整 2 个摩擦联结器。

(2)用改锥轻撬锁紧片使之抬起至不影响槽沟压母的旋转。

(3)将专用扳手卡住槽沟压母使之不能转动，同时用手摇把摇动电动机，带动摩擦联结器上的齿轮旋转。

(4)齿轮逆时针旋转为增大摩擦力，顺时针旋转为减小摩擦力。

(5)摩擦力调好后，取下专用扳手，将锁紧片压下并卡在槽沟压母上对应的槽内，以防止槽沟压母松脱。

(6)调试摩擦力时，应用测力仪来监控力值的大小，当测力仪显示的力值符合标准要求时，调试工作结束。

(7)严禁将摩擦力调至超出标准上限值，否则会损坏尖轨，降低摩擦联结器使用寿命，甚至在道岔夹有异物时有可能造成道岔错误锁闭。

4. ZDJ9 型电动转辙机摩擦力测试工具及标准是什么？

参考答案：

(1)使用转辙机拉力测试仪测试转辙机摩擦力。

(2)摩擦力测试标准：摩擦联结器摩擦力调整一般为转辙机额定负载力的 1.5 倍左右，ZDJ9-220/2.5k 型转辙机摩擦力应调整为 3.8 kN±0.4 kN，ZDJ9-150/4.5k 型转辙机摩擦力应调整为 6.8 kN±0.7 kN，ZDJ9-170/4k 型转辙机摩擦力应调整为 6.0 kN±0.6 kN。正反向摩擦力偏差应不大于 1 kN。

5. 如何调整 ZDJ9 型电动转辙机分动锁闭杆？

参考答案：在转辙机拉入锁闭位或伸出锁闭位，通过调整外部连接杆件使转辙机锁闭(表示)杆水平移动，观察锁闭(检查)柱落入检查缺口内间隙，不可挤转辙机两侧间隙调整为 2 mm±0.5 mm，可挤型转辙机锁闭(检查)柱落入检查缺口内间隙为 4 mm±0.5 mm，调整合格后再锁紧外部连接杆件的螺栓。

6. 如何调整 ZDJ9 型电动转辙机联动锁闭杆？

参考答案：先使转辙机处于拉入锁闭状态，调整外部连接杆件使转辙机锁闭(表示)杆水平移动，直至锁闭(检查)柱落入检查缺口且两侧间隙基本相等，即锁闭杆的单侧间隙调整为 2 mm±0.5 mm，表示杆的单侧间隙调整为 4 mm±0.5 mm，然后锁紧外部连接杆件调节部位。再使转辙机处于伸出锁闭状态。松开连接螺栓(先将连接螺栓螺母松开，然后再旋松螺栓杆)。旋下联动锁闭(表示)杆尾部的保护管。用扳手或一字螺丝刀旋转杆子尾部的调整杆。旋转调整杆至使锁闭(表示)杆相对移动，直至锁闭(检查)柱落入检查缺口且两侧间隙基本相等，即锁闭杆的单侧间隙调整为 2 mm±0.5 mm，表示杆的单侧间隙调整为 4 mm±0.5 mm。调整完毕拧紧连接螺栓(先将螺栓杆旋紧，然后将连接螺栓螺母紧固)，并旋上表示(锁闭)杆处的保护管。

7. 如何恢复 ZDJ9 型电动转辙机挤岔后的挤脱器？

参考答案：当可挤接点座的挤脱结构发生挤脱后，首先手动将转辙机转换至解锁位置，然后松开调整螺母，取出调整垫圈，取出挤脱柱（连带碟簧一起取出），轻敲锁闭铁一端，使其恢复到挤脱前的状态，装入挤脱柱调整垫圈，并旋紧调整螺母，最后用摇把将转辙机恢复到终点位置。如果恢复时轻敲锁闭铁不能使锁闭铁移动，则有可能是挤岔时，锁闭铁移动量过大，造成锁闭铁一端移动超过水平顶杆，恢复时，锁闭铁不能移动，此种情况下，必须把接点座卸下以后才能恢复。挤岔后转辙机挤脱器的现场恢复为应急处理措施，应及时下道检修。

8. 如何拆装 ZDJ9 型电动转辙机电动机减速器组？

参考答案：使用万可螺丝刀拆除接线端子上的三根电动机引出线，拔出手摇把连板部件上的螺钉销，卸下通往手动开关的连杆，松开四个电动机紧固螺栓即可将电动机减速器组拆下。安装顺序与拆卸顺序相反。安装时注意电动机引出线线号不能装反，安装后需进行复查试验，如发现电动机转动方向与原电动机转动方向相反时，需将插接在接线端子上的任意 2 根电动机线颠倒一下即可恢复转动方向。

第四章　S700K-C 型电动转辙机

S700K-C 型电动转辙机是在德国西门子公司 S700K 型电动转辙机的基础上，面向中国干线铁路提速的需求而开发的转辙机。它可用来转换各种类型和规格的外锁闭道岔。

S700K-C 型电动转辙机可以实现以下功能：

1. 电气检测尖轨和可动心轨辙叉的终端位置。
2. 操纵道岔尖轨及可动心轨辙叉。
3. 提高尖轨及可动心轨辙叉在终端位置的保持力。

S700K-C 型电动转辙机采用了高效率的滚珠丝杠传动和三相交流电动机。通过滚珠丝杠传动能保证转辙机动作可靠。在动作中途，转辙机的转换方向可以逆返。当设备停电或电务维修设备时可以打开开关锁，用手摇把转换道岔。插入手摇把时遮断器开关断开电动机三相电源中的一相，以防止电动操纵道岔引发人身伤害。遮断器断开后非经人工恢复不能接通电路，需要恢复时通过提起锁闭销并反向关闭开关锁后才能重新接通转辙机动作电路。

S700K-C 型电动转辙机分可挤型和不可挤型，可挤型转辙机在道岔发生挤岔后能够给出挤岔表示。

转辙机的型号含义如下：

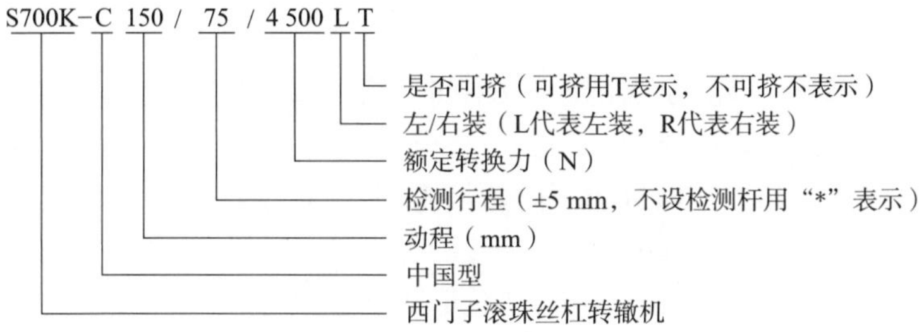

第一节　S700K-C 型电动转辙机结构

S700K-C 型电动转辙机主要由外壳部分、动力传动机构、检测和锁闭机构、安全装置和配线接口五大部分组成，如图 4-1-1 所示。

一、外壳部分

外壳部分主要由铸铁底壳、机盖、动作杆套筒、导向套筒、导向法兰等五部分组成。

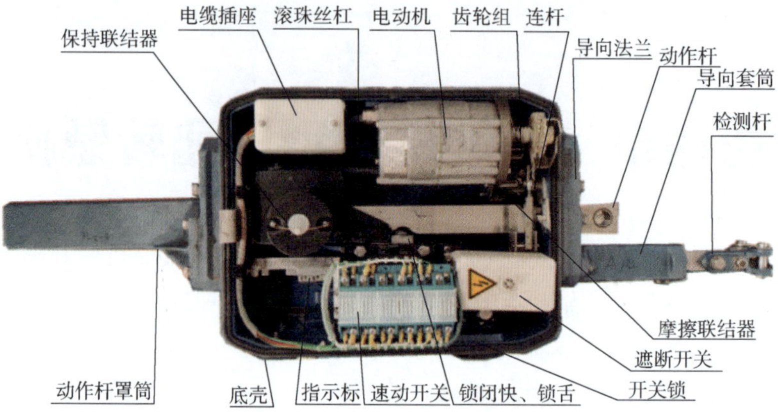

图 4-1-1　S700K-C 型电动转辙机结构

二、动力传动机构

动力传动机构主要由三相交流电动机、齿轮组、摩擦联结器、滚珠丝杠、保持联结器、动作杆等六部分组成。

(一)交流电动机

三相电动机的三个绕组为星形连接,交流电动机故障率低、运用稳定,更符合当前铁路设备"免维修"和"少维修"的发展方向。电动机的电气特性应符合表 4-1-1 的要求。

表 4-1-1　三相电动机电气特性

指　　标	额定电压(V)	额定功率(W)	动作电流(A)	转速(r/min)	功率因数	频率(Hz)	绝缘等级
范围	AC 380	400	≤2	≥1 350	0.45	50	B

(二)齿 轮 组

齿轮组主要由电动机齿轮、手摇把齿轮、中间齿轮和摩擦联结器大齿轮组成。它的作用是将电动机旋转的驱动力传递到摩擦联结器上;将电动机的高速旋转降速,使旋转驱动力增大;改变减速比,以适应不同动程转辙机的不同转换时间,保持道岔各牵引点的同步动作;完成转辙机的一级降速。手摇把齿轮在转辙机正常转换时不参与转动,当需要手摇转换道岔时,通过手摇把将手摇把齿轮压在电动机齿轮上与之轮形成啮合状态。

(三)摩擦联结器

摩擦联结器内装有三对主、被金属摩擦片,分别固定在外壳和滚珠丝杠上,摩擦片的端面有一压力弹簧,通过调整压力弹簧的压力可以使主、被摩擦片之间的摩擦力大小发生变化。摩擦联结器的作用:一是将变速齿轮组变速后的旋转力传递给滚珠丝杠,带动滚珠丝杠正常转动;二是实现齿轮组与滚珠丝杠间的软联结,来自滚珠丝杠上的转换阻力大于摩擦联结器的摩擦力时,主、被摩擦片间产生相对滑动,消耗掉电动机的输出转矩,起到保护电动机不被堵转的作用。

(四)滚珠丝杠

滚珠丝杠的结构相当于一个直径 32 mm 的螺栓和螺母,当滚珠丝杠正向或反向转动一周时,丝杠上的螺母相应地前进或后退一个螺距。它的作用一是将电动机的旋转运动变为直线运动;二是构成转辙机的第二级减速。

（五）保持联结器

保持联结器是转辙机上的挤脱装置，通过保持联结器上的弹簧将动作杆牢固的连接在一起。当道岔的挤岔力超过弹簧的压力时，动作杆松脱，动作杆侧面的凹槽会使锁闭块后退而转换接点，从而断开道岔表示电路。不可挤型转辙机摩擦联结器中安装有止挡环，用于阻止动作杆的松脱，变成硬联结装置。

三、检测和锁闭机构

检测和锁闭机构主要由检测杆、叉形接头、TS-1 接点、锁闭块、锁舌和指示标等部件组成。

（一）检 测 杆

检测杆随尖轨或心轨的移动而移动，用来监督道岔在终端位置时的状态。检测杆有上下两层，上层检测杆用于监督拉入时密贴的尖轨（心轨）的工作状态，下层检测杆用于监督伸出时密贴的尖轨（心轨）的工作状态。

（二）锁闭块、锁舌

道岔转换到终端位置并锁闭，检测杆与指示标对正时，锁闭块与锁舌弹出，锁闭块的弹出带动速动开关转换，切断电动机启动电路和接通新的道岔表示电路。锁闭块弹出后还可用于阻挡保持联结器的移动，实现转辙机的内部锁闭。锁舌的伸出量不得小于 9 mm。锁闭块结构如图 4-1-2 所示。

（三）TS-1 接点系统

TS-1 接点系统由开关盒和转换驱动系统组成，如图 4-1-3 所示。

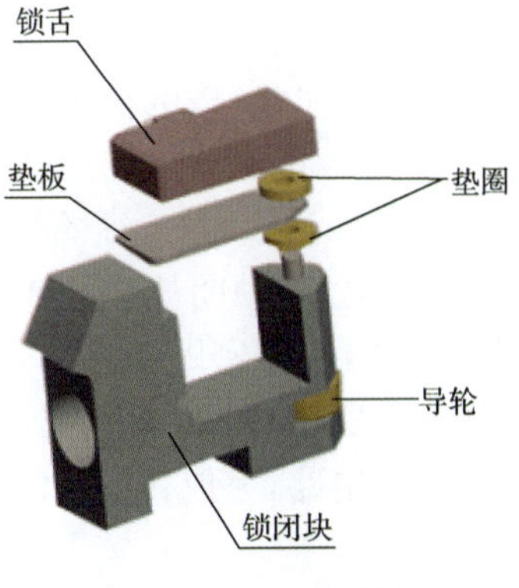

图 4-1-2 锁闭块结构

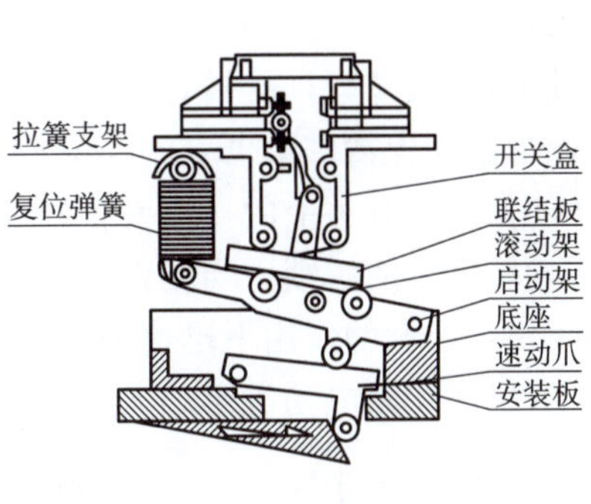

图 4-1-3 TS-1 接点系统

当电动机转动时通过摩擦联结器使滚珠丝杠转动，滚珠丝杠驱动装置推动操纵板移动，操纵板推动锁闭块向后移动，锁闭块移动时锁闭块上的斜面将速动爪滚轮向上顶起，并推动启动架向上提升，启动架前部滚轮逐步将开关盒下部连接板向上推动，开关盒中动接点也随之开始动作，中部接点拉簧随动接点拐臂由右向左摆动并拉伸，动接点触头向上移动与左侧静接点摩擦后断开，从而断开原表示电路。当上下拐臂过中心点后，动接点由于拉簧作用从左侧迅速转换与右侧静接点接触，接通反转电路。当转辙机转至终点，检测杆到位后，另一组接点下部的锁闭块在弹簧的推动下迅速从保持联结器边缘弹出。在复位弹簧的拉动下，此锁闭块上的速动爪迅速落下，断开转辙机动作电路，接通新的表示电路。

该系统将动、静接点由水平方向上的上下接触改为垂直方向的左右接触，减少了因列车振动对接点的损伤，同时 TS-1 接点系统在转换时动、静接点间会产生摩擦，接点有自清扫功能，更能保证接点的可靠接触，TS-1 接点系统采用了类似 ZD6 型电动转辙机的接点排列顺序。TS-1 接点系统通过速动爪与锁闭块的配合完成接点的接通和断开。

四、安全装置

安全装置主要由开关锁、遮断开关、连杆、手摇把挡板组成。开关锁是操纵遮断开关闭合和断开的机构，用于在电务检修人员打开电动转辙机机盖进行检修作业或特殊情况下车务人员插入摇把转换道岔时，能可靠断开电动机动作电路，防止电动机误动，保证人身安全。当钥匙插入并逆时针转动 90°时遮断开关被可靠断开。恢复时须提起开关锁上的锁闭销，同时将插入的钥匙顺时针转动 90°，遮断开关被可靠接通。遮断开关接通时，摇把挡板能有效阻挡摇把插入摇把齿轮。断开遮断开关时，摇把能顺利插入摇把齿轮，此时电动机的动作电源被可靠地切断，不经人工操纵和确认，不能恢复接通。

五、配线接口

配线接口主要由电缆密封装置和电缆插座组成。

第二节　S700K-C 型电动转辙机工作原理

一、S700K-C 型电动转辙机传动原理

S700K-C 型电动转辙机的工作原理如图 4-2-1 所示，电动机启动电路构成后，电动机输出的旋转转矩通过电动机齿轮、中间齿轮、摩擦联结器大齿轮间的配合，将电动机的输出转矩传递到滚珠丝杠上，使滚珠丝杠旋转，通过滚珠丝杠与丝母的配合，将电动机的旋转运动转换成直线运动。丝母带动保持联结器上的操纵板，使操纵板移动并推动锁闭块，锁闭块克服弹簧的弹力退出，从而使速动开关上的接点发生转换，切断道岔表示电路；锁闭块进一步的回退至完全缩入时，实现转辙机的解锁。当动作杆运动到另一终端位置，尖轨密贴于基本轨并锁住时，另一侧的锁闭块在弹簧的作用下迅速弹出，与保持联结器配合实现机内锁闭，同时带动速动开关接点的转换，迅速切断电动机启动电路的同时接通新的表示电路，完成转辙机的转换。

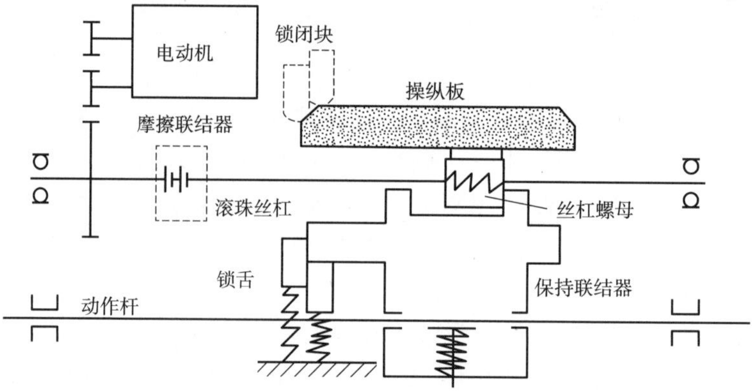

图 4-2-1　S700K-C 型电动转辙机工作原理

二、S700K-C 型电动转辙机动作过程

S700K-C 型电动转辙机动作过程可分为解锁(先断开转辙机表示再解锁)、转换、锁闭(实现机械锁闭后给出道岔表示)三个过程。下面以转辙机(220 mm 动程)定位拉入为例分析动作过程。

(一)解　　锁

转辙机启动电路构成后,三相电动机得到 380 V 交流电源,使电动机顺时针方向旋转,经齿轮组及摩擦联结器使滚珠丝杠向顺时针方向旋转,从而使丝杠上的限制丝母向左侧运动。在运动过程中,操纵板在丝母的作用下,推动锁闭块克服弹簧的弹力回退,使接点组转换将表示接点断开。锁闭块进一步回退,锁闭块带动锁舌完全退出保持联结器锁闭面,完成解锁过程。

(二)转　　换

在转辙机解锁后,由于三相电动机继续转动,故滚珠丝杠上的丝母继续向左运动,带动保持联结器向左运动。由于保持联结器与动作杆固定为一体,使动作杆向左侧(伸出方向)运动,带动道岔尖轨或可动心轨进行转换,当动作杆运动 220 mm 时,即完成了转换过程。

(三)锁　　闭

当动作杆向左侧运动了 220 mm 时,检测杆在尖轨带动下运动了 160 mm 或在可动心轨带动下运动了 117 mm,这时锁闭块在弹簧的作用下弹出,接通表示接点,同时右锁舌也弹出,锁住保持联结器,使动作杆不得随意窜动。与 ZD6 型电动转辙机所不同的是,S700K-C 型电动转辙机具有表示电路自检锁闭功能,当卡缺口时,锁舌伸不出来,内锁闭无法锁闭时,就不能接通表示电路,即有了表示后电动转辙机必须在内锁闭状态。而 ZD6 型电动转辙机表示电路不检查锁闭,检查柱不落槽,电动转辙机照样能实现内锁闭。

第三节　S700K-C 型电动转辙机拆装及检查维护

一、主要零部件的拆卸与安装

(一)拆卸电动机

松开在端子排上插接的六条电动机引出线,拔出手摇把挡板部件上的 ES 轴栓,卸下通往遮断器的连杆,松开固定电动机的四个 M10 内六角螺栓,即可取下电动机。

(二)拆卸检测杆

拆下检测杆上用于防止检测杆拉出的 M8 圆柱螺钉(左装时螺钉安装在伸出终位,右装拉入时安装在拉入终位),将转辙机摇到解锁位置,即两个锁闭块都处于缩入位置,这时可以抽出检测杆。

(三)TS-1 接点组和遮断开关

拆下接点组通向端子排和遮断开关上的引线,使用 M5 内六角扳手拆下四个接点组固定螺钉即可拆下接点组,拆下固定遮断开关的沉头固定螺钉,断开与电动机连接的连杆即可拆下遮断开关。

(四)锁 闭 块

将锁闭块上面的导板拆除,依次取下两个锁闭块上的锁舌、垫板、垫圈、锁闭块和弹簧,拆

卸后的零部件进行清洗检查其磨耗，清洗后注意存放防止丢失。安装顺序与拆卸顺序相反。

（五）导向套筒、导向法兰

松开导向套筒的螺栓即可将导向套筒拆下，松开密封法兰上的固定螺栓将密封法兰连同密封圈一起取下，松开固定动作杆罩筒螺栓将其拆下，然后松开其余三个紧固螺栓即可取下导向法兰。检查导向法兰导向孔磨耗是否过大，与动作杆间间隙大于 0.5 mm 时需更换导向法兰，安装导向法兰前需先清洁导向法兰和转辙机的密封面，再将密封胶均匀涂在密封面上，将导向法兰固定即可。

（六）滚珠丝杠

使用扳手固定住摩擦联结器端部的六棱套防止滚珠丝杠转动，在丝杠的另一端松开丝杠螺母，取下止动垫圈和里面的另一个丝杠螺母，向摩擦联结器远端一侧推动滚珠丝杠，取下定位轴承，将摩擦联结器侧稍稍抬起，调整丝母到合适位置即可整体取出滚珠丝杠。

二、转辙机主要检查项点

1. 机盖灵活性的检查：机盖开闭自如，防水防尘性能良好，暗锁灵活有效。

2. 检查转辙机的密封状态：镶嵌于底壳边缘的密封圈应保持弹性，无破损断裂。排水塞、动作杆罩筒塞无脱落，电缆密封装置与外部电缆保护管连接、密封状态良好。S700K-C 型电动转辙机密封部件结构如图 4-3-1 所示。

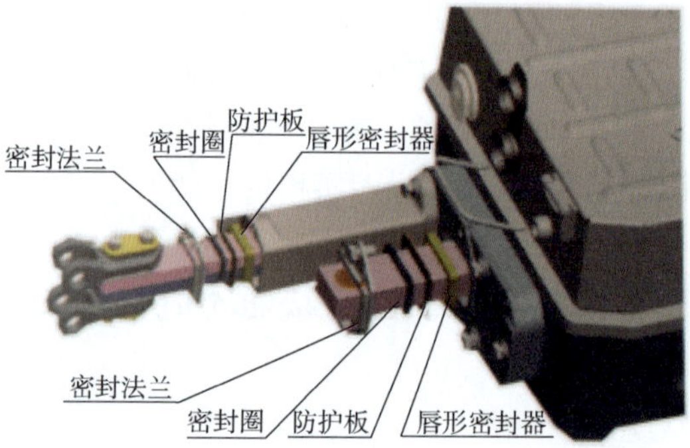

图 4-3-1　S700K-C 型电动转辙机密封

3. 检查摇把齿轮的状态：摇把齿轮应转动灵活，前后拨动时无卡阻、滞涩现象。手摇结束后，摇把齿轮应顺利退出啮合位置。

4. 检查摇把、挡板及遮断开关的功能：当接通遮断开关时，手摇把插入孔的挡板必须能阻止手摇把啮入摇把齿轮。在摇把齿轮与摇把挡板之间必须有一条间隙（应在 1～3 mm 间），切断遮断开关后，手摇把应能顺利地插入摇把孔，此时电源被切断，不经人工确认不得恢复接通，遮断开关功能良好。

5. 正常转换道岔时，滚珠丝杠动作平稳无噪声，摩擦联结器作用良好。

6. 速动开关通、断电作用良好。

7. 检查锁闭块及锁舌的状态：在终端位置，当检测杆指示缺口与指示标对中时，将锁舌/锁闭块顶入能够自动弹出，使用 20 号以上干净润滑油为接点下注油孔及锁舌处注油。锁舌的伸出量大于或等于 10 mm，锁闭块要伸出半个销子孔，伸出距离大于或等于 3 mm。

8. 滚珠丝杠、动作杆、检测杆、齿轮组、锁闭块、操纵板等均应保持润滑，润滑材料应采用规定类型的油脂，滚珠丝杠沿轴向的窜动量小于或等于 1 mm。

9. 各部螺丝紧固良好，机内配线无破损、固定良好。

10. 检查叉形接头及绝缘板件无变形和裂纹，鼓形销在叉形接头内旷动量大于 0.5 mm 时需更换。

11. 道岔缺口标志检查：检查转辙机外指示标与机内指示标位置一致。

12. 缺口调整：各牵引点转辙机检测杆的小缺口对准指示标，对准后两侧距离为 2 mm±0.5 mm。检测杆与指示标对位示意如图 4-3-2 所示。

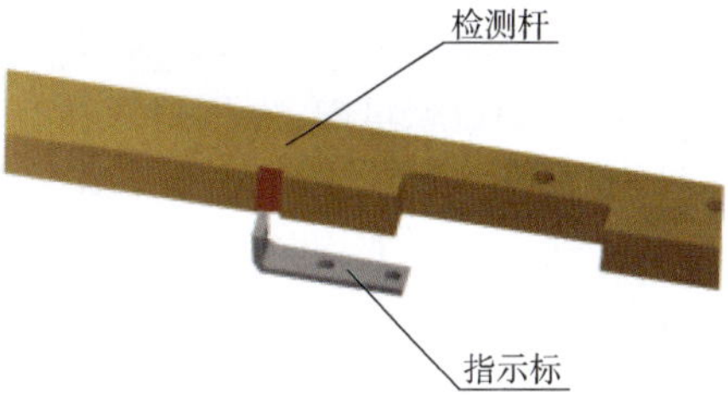

图 4-3-2　检测杆与指示标对位示意

三、S700K-C 型电动转辙机主要技术特性（表 4-3-1）

表 4-3-1　S700K-C 型电动转辙机常用机型主要技术特性

代　号（左装/右装）	检测杆	动程（mm）	检测行程（mm）	额定转换力（N）	电源电压 AC（V）	动作电流（A）	动作时间（s）	挤岔力（kN）	应用场合
A13/A14	C45/46	220	160	3 000	380	≤2	≤6.6	不可挤	第一牵引点
A15/A16	C73/74	150	75	4 500	380	≤2	≤6.6	可挤	双机
A17/A18	C119/120	220	120	3 000	380	≤2	≤6.6	不可挤	多机
A19/A20	C71/72	220	110	3 000	380	≤2	≤6.6	不可挤	多机
A21/A22	C41/42	220	100	2 500	380	≤2	≤6.6	不可挤	第一牵引点
A23/A24	C81/82	150	85	4 500	380	≤2	≤6.6	不可挤	多机
A27/A28	C73/74	220	75	3 000	380	≤2	≤6.6	不可挤	多机
A29/A30	C81/82	150	85	4 500	380	≤2	≤6.6	可挤	双机
A31/A32	C123/124	220	100	3 000	380	≤2	≤6.6	不可挤	多机
A33/A34	C91/92	150	65	4 500	380	≤2	≤6.6	不可挤	多机
A35/A36	/	150	—	6 000	380	≤2	≤6.6	不可挤	多机
A37/A38	C127/128	220	152	3 000	380	≤2	≤6.6	可挤	单机
A39/A40	C117/118	220	140	3 000	380	≤2	≤6.6	不可挤	多机
A41/A42	C121/122	220	110	2 500	380	≤2	≤6.6	不可挤	第一牵引点
A43/A44	/	220	—	3 000	380	≤2	≤6.6	不可挤	多机
A45/A46	C123/124	150	100	4 500	380	≤2	≤6.6	不可挤	多机
A47/A48	C73/74	150	75	4 500	380	≤2	≤6.6	不可挤	多机
A49/A50	C47/48	220	120	2 500	380	≤2	≤6.6	不可挤	第一牵引点
A61/A62	C127/128	220	152	3 000	380	≤2	≤6.6	可挤	单机
A63/A64	C165/166	220	130	2 500	380	≤2	≤6.6	不可挤	第一牵引点
A65/A66	C45/46	220	160	3 000	380	≤2	≤6.6	不可挤	第一牵引点
A69/A70	C167/168	220	140	4 500	380	≤2	≤6.6	不可挤	第一牵引点
A71/A72	C169/170	220	85	4 500	380	≤2	≤6.6	不可挤	第一牵引点

四、转辙机摩擦力调整

转辙机摩擦力调整示意如图 4-3-3 所示，首先将可调端盖上的止动片翻起，用一字螺丝刀插入可调端盖缺口内，螺丝刀依托在机壳螺母处将可调端盖卡住，插入手摇把摇动即可调整，旋紧(或旋松)摩擦联结器的可调端盖可以提高(或降低)转辙机的转换力。每次向一侧调整至少需转动 2 格以上，调整后应回退 1 格，回退的目的是为了让摩擦联结器内部的弹簧能回到原垂直于摩擦片的状态。摩擦联结器调整到位后，将止动片压下，嵌入可调端盖对应位置的缺口内。在对摩擦力进行测试时每次测试不应大于 10 s，摩擦力测试应以第二次摩擦测试数据为准，避免在短时间内多次进行摩擦测试，转辙机摩擦力应大于转辙机额定转换力 1 kN 左右。

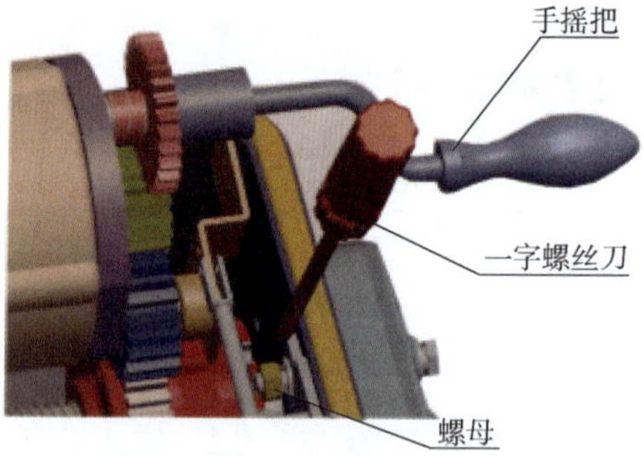

图 4-3-3　摩擦力调整示意

五、转辙机注油

1. 动作杆涂润滑脂

对动作杆在转辙机外的部分，应在转辙机伸出状态下涂润滑脂；而在转辙机内部的部分应在伸出、拉入两种情况下涂润滑脂。

2. 滚珠丝杠涂润滑脂

在涂润滑脂前，应先用棉布清洁滚珠丝杠，然后在丝杠两个终端位置分别涂润滑脂。

3. 齿轮涂润滑脂

对齿轮涂润滑脂不能涂过多，防止转动时甩到转辙机内，并禁止涂润滑油以防止影响摩擦联结器的正常使用。

4. 检测杆涂润滑脂和注润滑油

检测杆在伸出和拉入状态下表面涂润滑脂，在两个检测杆的贴合面上通过上层检测杆的注油孔注润滑油，如图 4-3-4 所示。

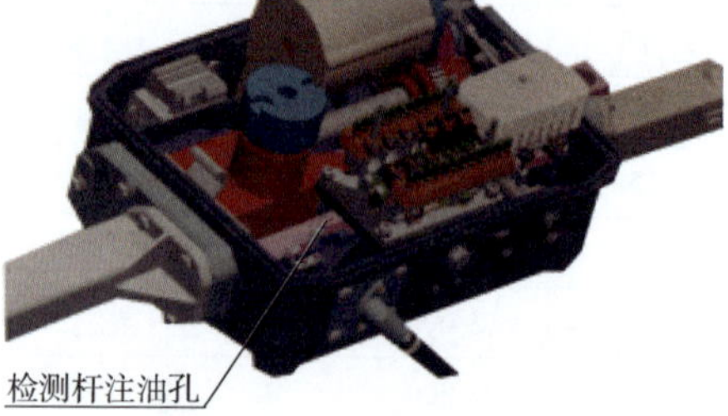

图 4-3-4　检测杆注油孔

5. 鼓形销注油

在鼓形销与叉形接头外表示杆的连接处注润滑油。

6. 锁闭块注润滑油

通过接点座上的注油孔对锁闭块注润滑油，如图 4-3-5 所示。

7. 操纵板注润滑油

在操纵板的滑动面上侧注润滑油，注润滑油前应使保持联结器处在远离摩擦联结器的一端，如图 4-3-6 所示。

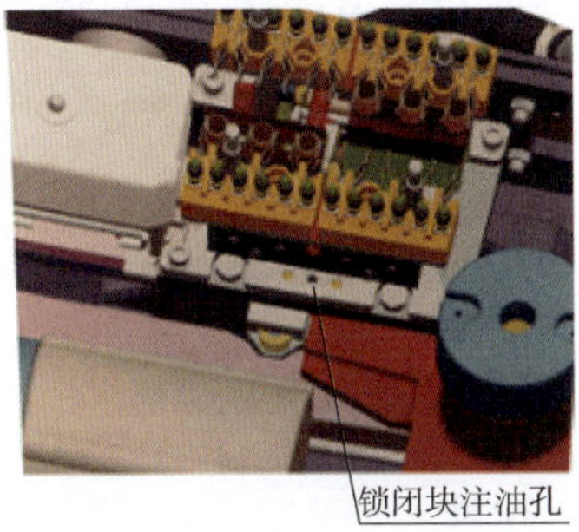

图 4-3-5　锁闭杆注油孔

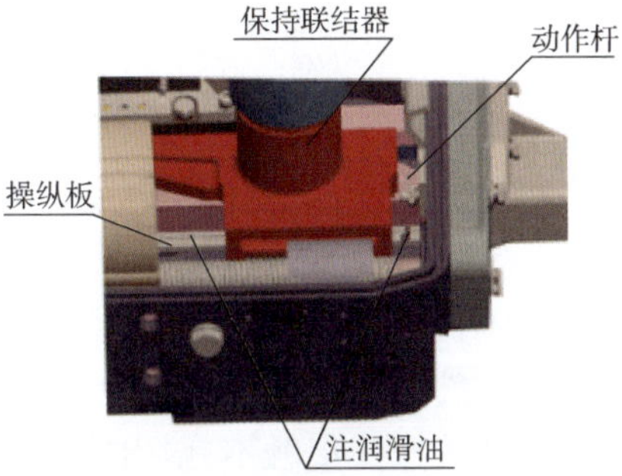

图 4-3-6　操纵板注油

8. 电动机齿轮注润滑脂

电动机中间齿轮滚针轴承涂润滑脂。

第四节　S700K-C 型电动转辙机常见问题分析及处理

一、转辙机不动作

原因分析：

1. 转辙机无三相交流电输入或输入缺相。
2. 遮断开关断开。
3. 开关组接点接触不良。
4. 机内线和电缆在电缆插座插接不良。
5. 电动机绕组断线或短路。
6. 电动机转动卡阻。

处理方法：

1. 检查三相交流电是否接入到电缆插座上。
2. 检查遮断开关是否接触良好，必要时更换遮断开关。
3. 检查开关组接点是否存在接触不良，必要时更换开关组。
4. 检查机内插接线和引入线在电缆插座上的插接情况，对接触不良位置重新插接。
5. 检查电动机绕组是否断线或短路，发现电动机不良须及时更换。
6. 手摇电动机检查电动机与各齿轮间的配合有无卡阻，发现卡阻时进行调整。

二、电动机正常转动，摩擦联结器处于摩擦状态

原因分析：

1. 转辙机内各部件间发生卡阻。
2. 摩擦联结器调整不良，摩擦力低于额定负载力。

处理方法：

1. 手摇检查转辙机内各部件的转换，查找卡阻原因并处理。
2. 对摩擦联结器的摩擦力进行调整，摩擦力应高于额定负载力，但不应超过额定负载力的 1 000 N。

三、转辙机转换到位后无表示

原因分析：

1. 道岔调整不良，锁闭块不能打入检测杆的缺口内。
2. 叉形接头与鼓形销间磨耗旷量大于 1 mm，造成检测杆卡口。
3. 开关组上各接点间接触不良，引线端子固定不良、松动。
4. 电缆端子上引线插接不良、松动。

处理方法：

1. 对道岔进行调整，检查指示标与检测杆标记对中。
2. 更换磨耗超限的叉形接头上钢套和鼓形销。
3. 更换接点接触不良的开关组或对引线端子检查固定。
4. 检查电缆插座上引线插接情况，重新插接或更换不良万可端子片。

习题与参考答案

1. S700K-C 型电动转辙机主要由几大部分组成？

参考答案：S700K-C 型电动转辙机主要由外壳部分、动力传动机构、检测和锁闭机构、安全装置和配线接口五大部分组成。

2. 如何调整 S700K-C 型电动转辙机摩擦力？

参考答案：首先将可调端盖上的止动片翻起，用一字螺丝刀插入可调端盖缺口内，螺丝刀依托在机壳螺母处将可调端盖卡住，插入手摇把摇动即可调整，旋紧（或旋松）摩擦联结器的可调端盖可以提高（或降低）转辙机的转换力。每次向一侧调整至少需转动 2 格以上，调整后应回退 1 格（回退的目的是为了让摩擦联结器内部的弹簧能回到原垂直于摩擦片的状态）。摩擦调整合格后，将止动片压下，嵌入可调端盖对应位置的缺口内。

3. S700K-C 型电动转辙机摩擦力测试标准是多少？

参考答案：每次测试摩擦力的摩擦测试时间不应大于 10 s，摩擦力测试应以第二次摩擦测试数据为准，避免在短时间内多次进行摩擦测试，转辙机摩擦力应大于转辙机额定转换力 1 kN 左右。

4. S700K-C 型电动转辙机挤脱后如何恢复？

参考答案：将转辙机手摇到解锁状态，拆下检测杆上止挡螺钉，拆下检测杆，将检测杆上两

凹槽卡在挤脱器上盖上，将上盖旋下，然后依次拆下内部弹簧和中间的保持栓，然后轻轻敲击移动动作杆使动作杆上凹槽位置在挤脱器内处于居中状态，然后将弹簧和保持栓放入，最后将上盖恢复到原来位置。

5. 如何核对 S700K-C 型电动转辙机检测杆内、外指示标？

参考答案：在转辙机处于拉入或伸出位置时，观察转辙机内外指示标与检测杆上内、外缺口上对应的位置是否一致，如不一致则需要根据内标对应位置来调整外指示标，使内、外指示标对齐。

第五章　ZY(J)7 型电液转辙机

电液转辙机是以电动机为动力源，通过液压油传递动力的转辙机，ZY(J)7 型电液转辙机及与其配套的 SH6 型转换锁闭器是为满足铁路提速需要而研制的一种新型道岔转换设备，它能满足国内各种规格、型号的内、外锁闭道岔的转换、锁闭需要。ZY(J)7 型电液转辙机于 1997 年通过铁道部技术鉴定，并得到广泛使用。电液转辙机与电动转辙机相比有以下优点：

1. 铝合金壳体和液压传动装置质量轻，结构紧凑；
2. 可方便地对输出力矩进行调整，调整范围大，易实现过载保护；
3. 溢流压力稳定，易于调整，受气候温度影响小；
4. 转辙机工作平稳，转换过程无冲击，自行润滑，机械磨耗小，使用寿命长；
5. 采用多点牵引时，SH6 型转换锁闭器不需另设电缆，室内不增加道岔组合。

缺点是：

1. 容易出现液压油泄漏，影响传动效率；
2. 制作精度高，价格昂贵；
3. 空气渗入液压系统容易造成系统工作不良，如振动、爬行、噪声等；
4. 对污染敏感，污染油会造成油路堵塞。

ZY(J)7 型电液转辙机型号及含义如下：

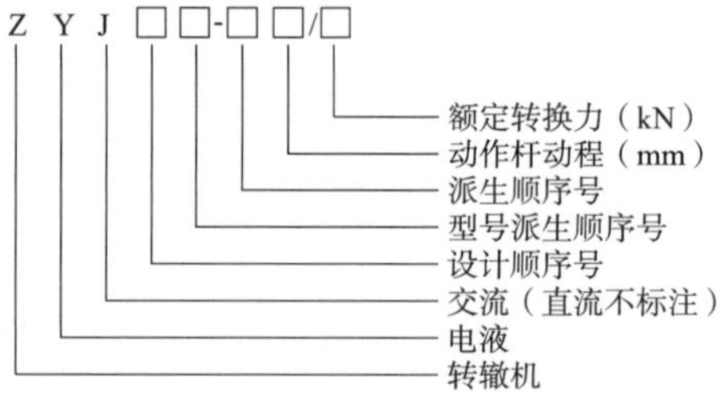

第一节　ZY(J)7 型电液转辙机结构

一、ZY(J)7 型电液转辙机结构及各部件功能

ZY(J)7 型电液转辙机既可单独完成对道岔转换和锁闭功能，也可和 SH6 型转换锁闭器配合实现对长大尖轨的多点牵引。ZY(J)7 型电液转辙机用于多点牵引道岔时，通过 ZY(J)7 型电液转辙机（称为主机，用于第一牵引点）和 SH6 型转换锁闭器（也称为副机，用于第二、三牵引点）配合完成对道岔的转换。主机与副机共用一套动力系统，两者间用油管相连。

ZYJ7 型电液转辙机主要由动力机构、转换和锁闭机构、表示锁闭机构等组成，如图 5-1-1 所示。

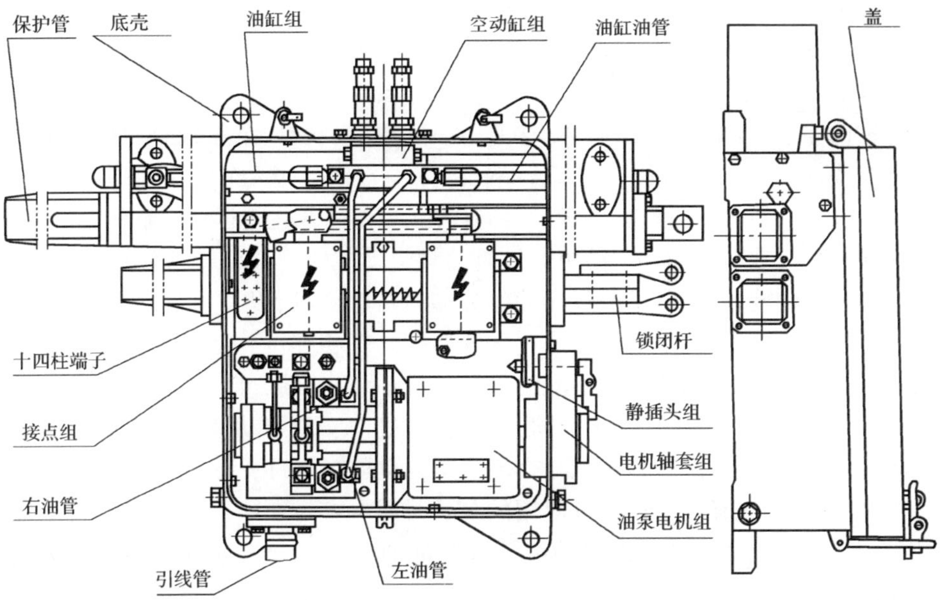

图 5-1-1　ZYJ7 型电液转辙机结构

（一）动力机构

动力机构的作用是将电能转换成液压能，主要由电动机、惯性轮组、底板、油箱组、连轴器、油泵、溢流阀组、单向阀、油管、启动油缸、流量调节阀等组成。

1. 电动机

电动机的作用是将电能转换成机械能，为油泵组的工作提供动力。根据现场需求电液转辙机可选用直流或三相交流异步电动机，交流电动机与直流电动机外观有区别，直流电动机上带有碳刷，交流电动机上无碳刷。交流电动机线圈为 Y 形连接，电动机引出线为三相电动机各线圈引出端，三相线圈另一端在电动机内连接，参数见表 5-1-1。直流电动机引出线也为三根，其引出线分别为正转定子线圈（端子 2，为电动机顺时针转动线圈，引出线一般为红色）、反转定子线圈（端子 3，为电动机逆时针转动线圈，引出线一般为蓝色）和转子引出线（安装在电动机端子 1 上，引出线一般为黑色），参数见表 5-1-2。

表 5-1-1　Y90S6t THL 电动机参数标准

电源电压(AC 三相)	堵转转矩	最大转矩	转速	工作电流	匝间电阻
380 V	≥2.7 N·m	≥4.6 N·m	≥910 r/min	≤2.0 A	15 Ω±1.5 Ω

表 5-1-2　Z90A-THL 电动机参数标准

直流电阻(匝间电阻 0.7 Ω±0.2 Ω)			绝缘电阻	转矩
黑 1-红 2	黑 1-蓝 3	红 2-蓝 3		
15 Ω±1.5 Ω	15 Ω±1.5 Ω	17 Ω±1.5 Ω	≥500 MΩ	≥2.3 N·m
额定电压 160 V 额定电流 2 A			碳刷接触面	碳刷长度
转速	碳刷火花	正反转差		
≥980 r/min	≤2 级	≤30 r/min	≥3/4	≥15 mm

电动机转子头部加装了惯性轮，惯性轮的作用是当电动机动作电源被断开后，电动机上的惯性轮依靠惯性继续旋转，用其惯性吸收掉电动机的反转力，以防止电动机反转。

2. 油泵

油泵为轴向柱塞泵，主要由轴、缸体、柱塞、轴承、压盘、斜盘、泵盖、回程盘、弹簧、配油盘、缸套等部分组成，如图 5-1-2 所示。柱塞安装在缸体均匀分布的 7 个柱塞孔中，当轴转动带动缸体旋转时，在斜盘、弹簧、回程盘、压盘的共同作用下，使柱塞往复运动。缸体旋转一周，每个柱塞孔都完成一次吸油和排油。电动机通过传动轴带动缸体连续旋转，就可以不断输出高压油。这种泵由于轴的旋转方向可变，吸排油的方向也可改变，所以又叫双向泵。ZYJ7 型电液转辙机就是利用这一特点，把电动机轴通过联轴器与泵轴相连，当电动机向不同方向旋转时，带动油泵向不同方向旋转，因此改变了配油盘窗口排油、吸油的方向，也就是决定向油缸左侧还是右侧注入高压油，使油缸可以向不同方向运动，进而实现带动道岔向不同方向转换的目的。柱塞泵分为 2 种，直流液压转辙机与交流液压转辙机使用的泵头各不相同，直流泵头使用的排量是 1.35 mL/r，交流液压转辙机使用的泵头排量为 2.1 mL/r，可通过泵头上标牌进行区分，如图 5-1-3 所示。由于流量和电动机转速不同，所以直流转辙机转换时间约为交流转辙机转换时间的 1.4 倍。

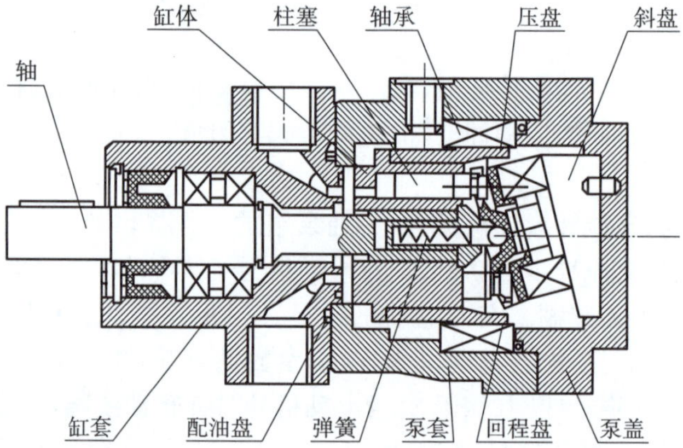

图 5-1-2　ZYJ7 型电液转辙机轴向柱塞泵结构

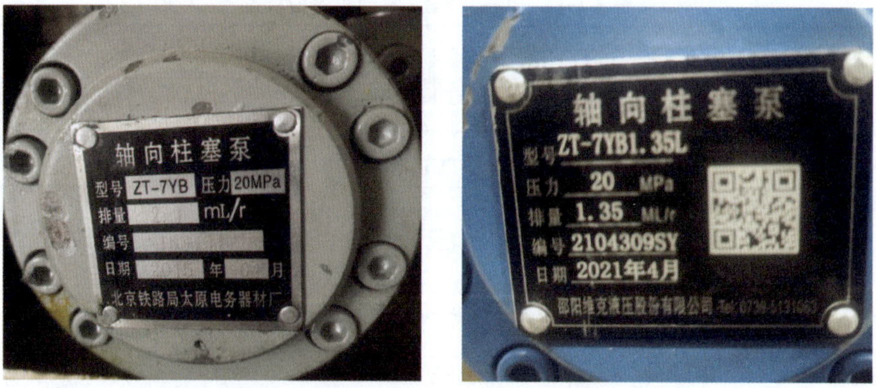

图 5-1-3　电液转辙机轴向柱塞泵标牌

3. 溢流阀

溢流阀主要由调整螺栓、密封螺母、阀芯、阀体、弹簧等组成，如图 5-1-4 所示。道岔正常转换时，阀座下部的液压油进入阻尼活塞底部，液压油压力小于溢流阀中弹簧的压力，此时弹簧将阀芯的锥面紧压在阀座上，溢流阀不溢流。当道岔转换中途受阻，油路中的油压高于弹簧的压力时，阀芯被向上顶起，溢流阀的阀口开启，高压油进入阀座上部，经阀体侧面油孔流回油箱，构成溢流。高压区液压油通过溢流阀中的溢流孔流入低压区，从而防止油路中的油压过高损坏部件和电动机因堵转烧损，溢流阀与 ZD6 型电动转辙机摩擦联结器的作用相同，溢流压力应调整为转辙机额定转换力的 1.1～1.3 倍。

4. 单向阀

单向阀主要由阀体、钢球组成，如图 5-1-5 所示，单向阀如同二极管的单向导电特性一样，其通过钢球与配合端口密封，只能单向流通液压油，采用双单向阀串联形式以提高其可靠性。挡圈的作用是防止钢球封堵住上部出油孔。

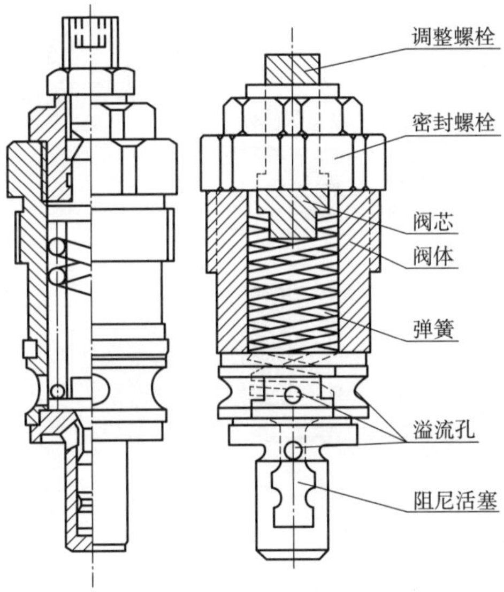

图 5-1-4　溢流阀

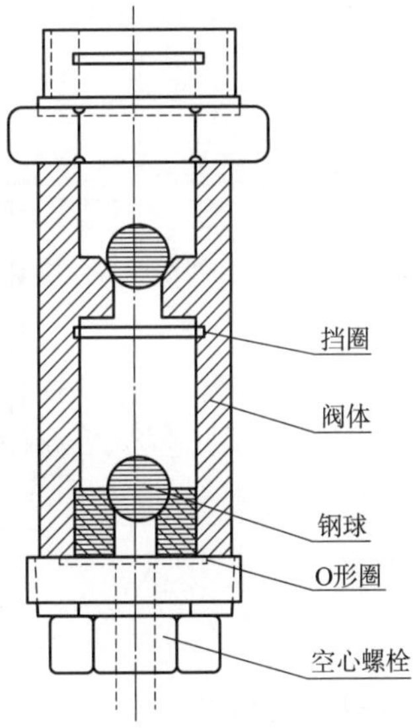

图 5-1-5　单向阀

5. 启动缸

启动缸主要由螺堵、密封圈、启动缸筒、柱塞等组成，如图 5-1-6 所示。启动缸的作用是克服交流电动机启动转矩低的缺点，当电动机启动时，假如油泵右侧输出为高压油，因为启动缸与油缸并联，所以启动缸右侧也为高压，高压油推动启动油缸内的柱塞向左移动。由于移动柱塞的力很小，相当于电动机在启动时只带了一个很小的负载，使得电动机能顺利启动，待电动机启动力矩增大后，再带动油缸转换。

6. 流量调节阀

每台转辙机安装有两个流量调节阀，分别安装在活塞杆两侧位置，通过调节流量调节阀上面的调整螺钉，控制活塞杆内进油量的大小，从而达到控制主、副机转换同步的作用。

7. 油箱组

油箱组由箱体、盖、油标尺、注油孔、磁铁组成。平时液压油应加注在标尺靠近上限的位

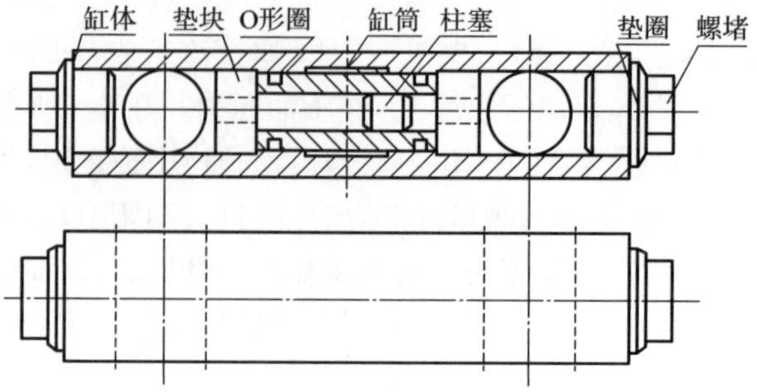

图 5-1-6　启动油缸

置，注油时须使用专用注油器，将注油器头部与注油孔头部旋紧，然后将液压油压入，液压油通过注油孔滤网进入油箱，禁止在油标尺孔注入液压油。厂家出厂时转辙机注入 YH-10 航空液压油，注油方法如图 5-1-7 所示。现场注油时尽可能使用同一厂家生产的液压油，避免不同牌号油品间产生反应，发生堵塞油路的故障。

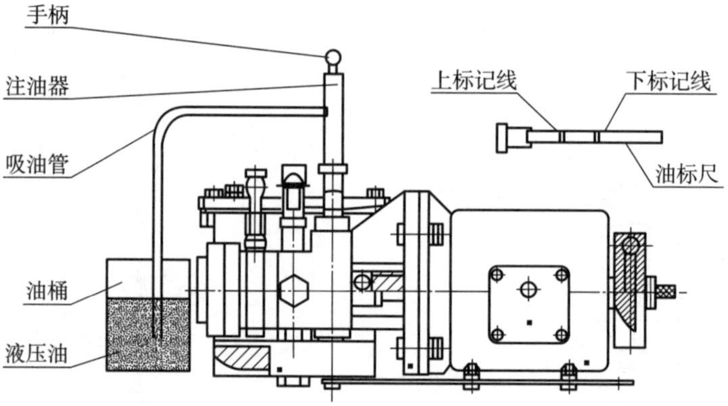

图 5-1-7　注油方法示意

（二）转换锁闭机构

转换锁闭机构的作用是转换并锁闭尖轨或心轨在终端位置。其主要由油缸组、推板、动作杆、锁块、锁闭铁组成。

1. 油缸

油缸主要由接头体、活塞杆、铰接接头、缸筒、缸座、密封圈组成，如图 5-1-8 所示。活塞杆两端的螺孔与连接螺柱的一端紧固，连接螺栓另一端与杆架相连，杆架又连在机体外壳上，这样就使得活塞杆固定不动，转辙机额定负载不同其活塞杆粗细也不相同。油缸中的密封圈、活塞杆对称中心处的孔用组合密封及缸座内的轴用组合密封，将缸筒分成两个密封腔，液压油通过接头体进入活塞杆中，通过活塞杆上放射孔进入缸筒的两侧（油缸的两侧），高压油注入一侧油缸内时，由于活塞杆固定在机壳上不能移动，所以高压油的注入使油缸开始移动。

2. 推板

推板是嵌在缸套上的矩形钢板，其大部分镶嵌在缸套内，斜面突起露在缸套外面，突起的斜面在油缸移动时推动动作杆上的锁块，从而使动作杆移动。

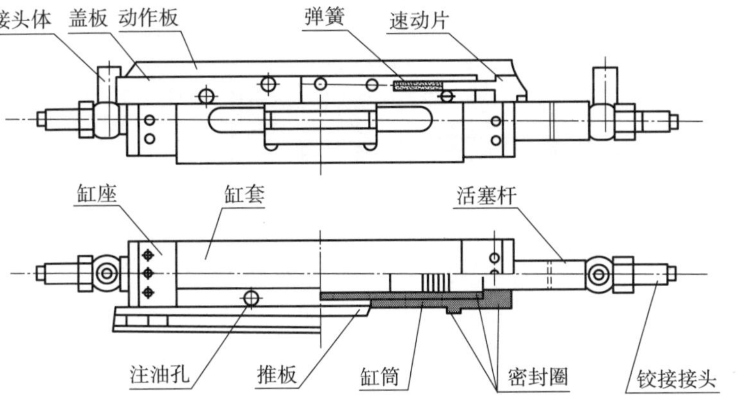

图 5-1-8　ZYJ7 型电液转辙机油缸结构

3. 动作杆

动作杆上装有两个活动的锁块，与油缸侧面的推板配合动作。根据转辙机安装在线路侧的位置的不同，动作杆两侧分别设有销孔，用来与外连接杆进行连接。转换道岔时，油缸带动推板，推板推动锁块，锁块通过销轴与动作杆连接，带动动作杆转换道岔。当道岔转换至锁闭位置时，推板将动作杆上的锁块推向锁闭铁斜面，推板、锁块与锁闭铁配合构成转辙机内锁闭。

（三）表示锁闭机构

表示锁闭机构的作用是正确反映尖轨或心轨位置并将其锁闭在现位的装置。其主要由接点组、锁闭杆等组成。

1. 接点组

接点组上接点设置与 ZD6 型电动转辙机相似，共有四组静接点组，两组动接点组，接点组上安装有两个启动片，其外形结构如图 5-1-9 所示。通过动作板的左右移动控制接点组上的两个启动片的上升与落下，启动片动作带动接点轴转换，通过动接点轴控制与之相连的动接点转换和锁闭柱的上升和落下，锁闭柱宽度为 24 mm。接点组上锁闭柱与锁闭杆配合完成道岔密贴检查和辅助锁闭功能，由于锁闭杆分为联动和分动两种，所以对应的接点组上使用的锁闭柱也不同，使用联动锁闭杆时，其锁闭柱采用两个长锁闭柱，当使用分动锁闭杆时，其锁闭柱为一长一短。接点组与锁闭杆配合使用如图 5-1-10 和图 5-1-11 所示。

2. 锁闭杆

锁闭杆分为联动锁闭杆和分动锁闭杆，外端通过外表示杆与尖轨相连，锁闭杆上平面开有方形凹槽，用于与接点组上的锁闭柱配合。当尖轨转换到位锁闭后，锁闭柱落入锁闭杆上的凹槽内，由于锁闭柱为方形，所以与锁闭杆上的凹槽形成机械锁闭，称为锁闭杆。内锁闭道岔和外锁闭道岔使用的锁闭杆凹槽宽度不同，外锁闭道岔宽度为 28 mm，内锁闭道岔宽度为 27 mm。内锁闭道岔锁闭杆缺口间隙标准为 1.5 mm±0.5 mm，外锁闭道岔锁闭杆缺口间隙标准为 2 mm±0.5 mm。

二、SH6 型转换锁闭器结构及各部

SH6 型转换锁闭器主要由转换锁闭机构、挤脱和表示机构组成，如图 5-1-12 所示。

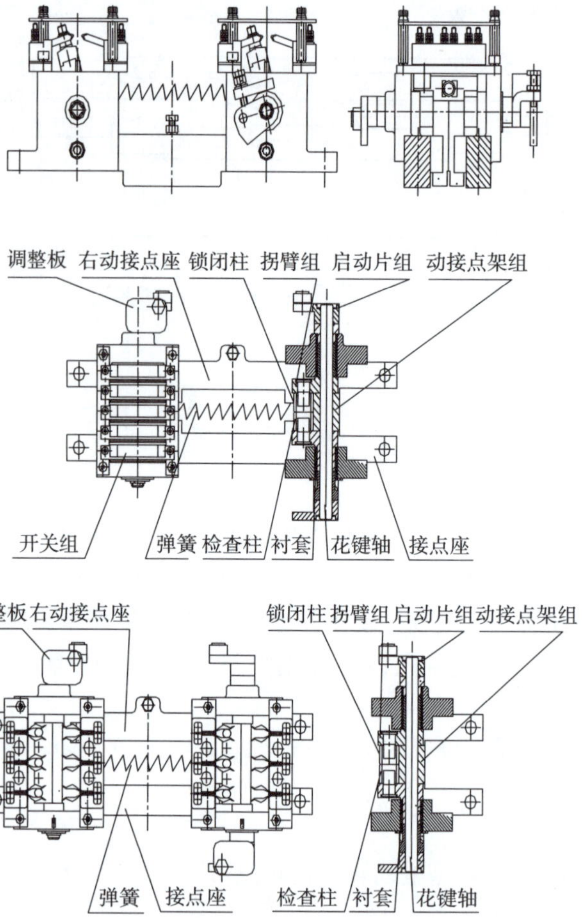

图 5-1-9　接点组

图 5-1-10　接点组与联动锁闭杆配合使用

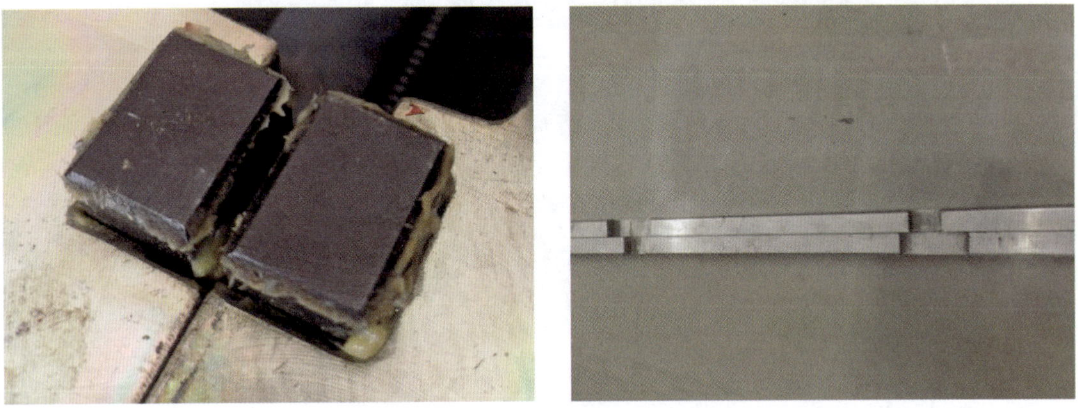

图 5-1-11 接点组与分动锁闭杆配合使用

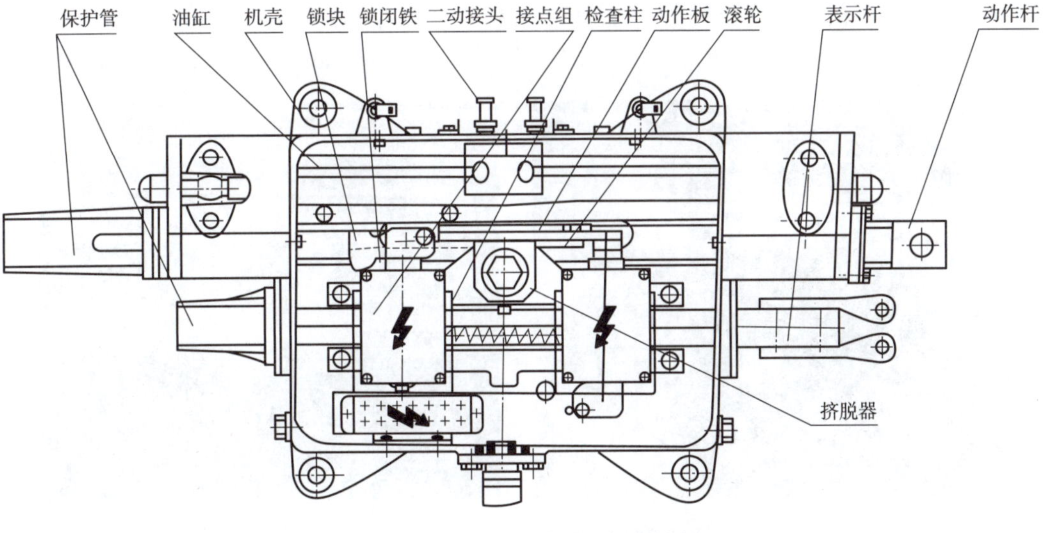

图 5-1-12 SH6 型转换锁闭器结构

(一)转换锁闭机构

转换锁闭机构的作用是转换并锁闭尖轨或心轨在终端位置。其主要由油缸组、推板、动作杆、锁块、锁闭铁组成。

(二)挤脱机构

挤脱机构的作用是定力固定锁闭铁,道岔被挤时能通过锁闭铁的位移可靠断开转辙机的表示电路,挤脱力出厂时调整为 27～30 kN。挤脱机构主要由挤脱座和压力弹簧组成,由于各型号转换锁闭器动程不同,所以其安装的挤脱机构上的锁闭铁长度也不相同,锁闭铁长度比转换锁闭器动程长 115 mm,比如 140 mm 动程的转换锁闭器使用的挤脱机构的锁闭铁长度为 255 mm,150 mm 动程的转换锁闭器使用的挤脱机构的锁闭铁长度为 265 mm,如图 5-1-13 所示,图中红色箭头所示为锁闭铁长度,挤脱机构与接点组连接为一体。

图 5-1-13　SH6 型转换锁闭器

(三)表示机构

表示机构的作用是能正确反映尖轨或心轨的位置状态,同时具有挤岔断表示功能,由接点组、表示杆等部件组成。

接点组上除锁闭铁长度不同外,其所安装的检查柱也各不相同,联动表示杆与之配合的检查柱情况如图 5-1-14 所示,分动表示杆与之配合的检查柱情况如图 5-1-15、图 5-1-16 所示。

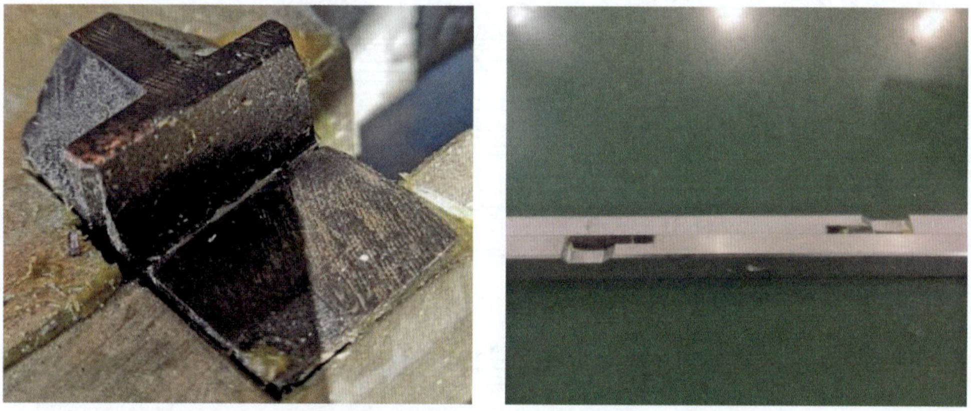

图 5-1-14　SH6 型转换锁闭器检查柱与联动表示杆配合使用

图 5-1-15　SH6 型转换锁闭器检查柱与分动表示杆配合使用(1)

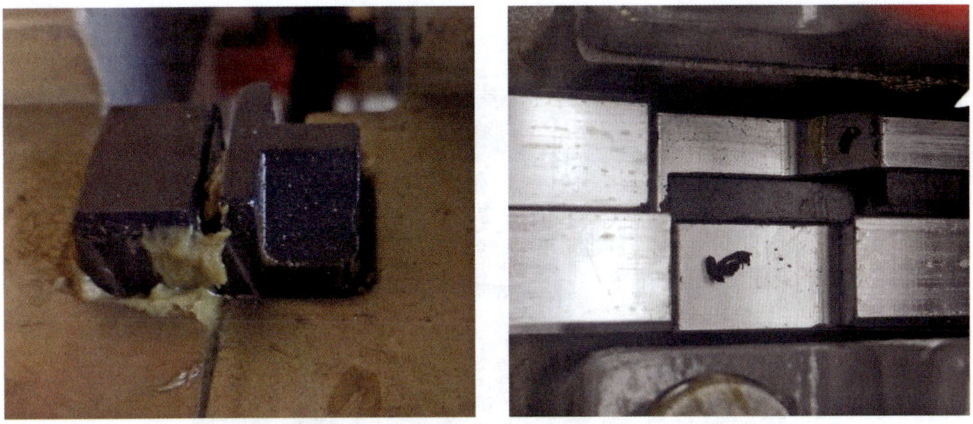

图 5-1-16　SH6 型转换锁闭器检查柱与分动表示杆配合使用(2)

SH6 型转换锁闭器上伸出与拉入位置各设一根表示杆,外端通过长、短表示杆与尖轨连接,表示杆上开有斜槽,与接点组系统的检查柱下端斜角相配合,检查道岔位置。当尖轨转换到位锁闭后,检查柱落入表示杆缺口内,接通道岔表示电路。SH6 型转换锁闭器表示杆不起锁闭作用,道岔被挤时,表示杆发生横向移动,表示杆上的斜坡推动检查柱上升切断道岔表示电路。

第二节　ZY(J)7 型电液转辙机工作原理

一、ZY(J)7 型电液转辙机油路系统工作原理

(一)ZY(J)7 型电液转辙机油路系统组成

ZY(J)7 型电液转辙机的油路系统为闭式系统,油路系统可分成四个部分:动力源、操纵控制装置、执行机构和辅助装置。

1. 油泵是整个系统的动力源,用以将机械能转换成液压油的压力能。

2. 调节阀、单向阀和溢流阀等组成操纵控制装置,用以调节液压油的压力、流向和流量,从而实现不同的工作循环。

3. 油缸是系统的执行机构,将压力能转换成机械能。

4. 油箱属于辅助装置。

(二)ZY(J)7 型电液转辙机油路系统动作原理

电动机顺时针旋转时,如图 5-2-1 中箭头所示,泵头泵出的液压油经过上溢流阀、短油管进入左侧活塞杆内,再通过活塞上油孔进入油缸左侧腔室内(活塞杆中间有油环将油缸分为左右 2 个腔室),油缸左侧腔室进油膨胀,由于活塞杆固定在机壳上无法移动,所以液压油推动油缸向左侧移动,带动动作板、动作杆向左侧移动,转辙机向左侧转换。图 5-2-1 中红色线条为液压油路,泵头泵出的液压油进入活塞杆时经过的溢流阀用来调整该侧溢流压力。经过的测压接头上接压力表用来测量该侧转换的动作和溢流压力。电动机逆时针旋转时则液压油进入另一侧油缸腔室内,转辙机动作方向则相反,溢流压力调整和压力测试位置则使用另一侧。活塞杆两侧各安装有一个流量调节阀,通过旋转流量调节阀上螺钉来改变进油量大小,使转辙机转换速度发生改变,其作用是调整主副机转换同步。

图 5-2-1　电液转辙机油路系统动作原理

二、ZY(J)7 型电液转辙机机械动作原理

(一)ZY(J)7 型电液转辙机的解锁、转换、锁闭动作原理

以转辙机右开拉入为定位为例，当道岔转换至定位位置时，推板的拉入锁闭面与定位锁块的锁闭面相吻合，使锁块不能转动，定位锁块的锁闭面与锁闭铁的锁闭面相互吻合，推板、定位锁块、锁闭铁共同配合使动作杆不能向右侧移动，此时转辙机为定位拉入锁闭状态，如图 5-2-2(a)所示。

当电动机启动，通过联轴器带动油泵旋转工作，油泵泵出的高压油推动油缸向右侧移动，推板随同油缸一起向右侧移动。当推板移动 25 mm 时，推板的拉入锁闭面全部退出定位锁块的锁闭面，使动作杆解锁，此动作过程为转辙机的解锁过程。

推板继续向右侧移动，此时反位锁块伸出工作面与推板斜面相吻合，推板推动反位锁块带动动作杆向右侧移动。动作杆移动同时带动定位锁块离开锁闭铁拉入锁闭面，使定位锁块旋转，定位锁块动作面进入推板拉入动作面，这时转辙机进入了转换状态，如图 5-2-2(b)所示。油缸和推板继续移动，至反位锁块锁闭面将要与锁闭铁伸出锁闭面接触时，则开始进入反位锁闭状态。这时反位锁块同时与推板伸出动作面和锁闭铁伸出锁闭面接触，此后推板再向前移动 15.2 mm (动作杆相应动作 7.6 mm)即为锁闭阶段。推板继续移动 9.8 mm(从两面开始接触，共移动 25 mm)后反位锁块锁闭面与锁闭铁伸出锁闭面完全密贴吻合，此时转辙机达到反位完全锁闭状态。

转辙机内部的锁闭功能是用机械锁闭方法使道岔尖轨保持密贴，使其不会在外力作用下改变位置。从图中可见定位锁块和反位锁块通过销轴固定在动作杆上。锁块可以以销轴为轴进行左右转动，推板固定在油缸上，推板随油缸的移动而移动，锁闭铁固定在机壳上，推板、锁块、锁闭铁共同构成了转辙机内部的一处机械锁闭。

转辙机锁闭后，接点座上的启动片在拉簧的作用力下快速打入到速动片的圆弧内，切断电源和接通反位表示，接点座上的锁闭柱落入锁闭杆缺口内实现机内的第二处锁闭，油泵泵出的液压油经反位侧的溢流阀回到油箱，如图 5-2-2(c)所示。

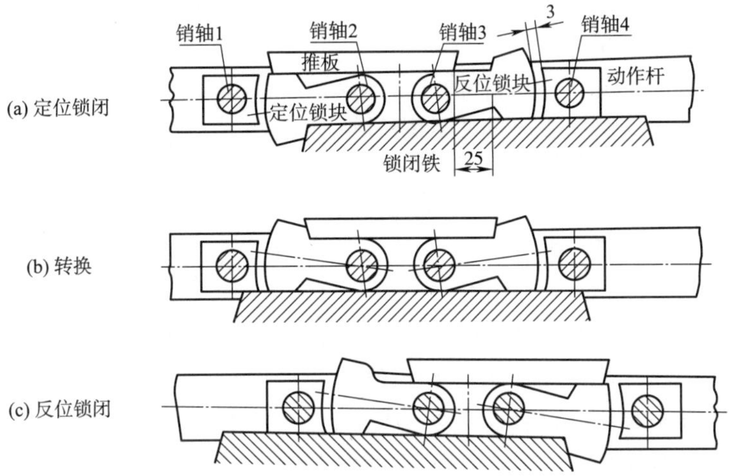

图 5-2-2　电液转辙机机械动作原理(单位:mm)

(二)ZY(J)7 型电液转辙机的检查和表示

ZY(J)7 型电液转辙机的检查和表示装置由接点座、锁闭杆(表示杆)、动作板、速动片组成。转辙机处于拉入位置时,锁闭检查柱与内表示杆的主锁闭杆缺口对应,只有缺口对准,锁闭检查柱方可落入内表示杆上的缺口内,以此来检查道岔尖轨密贴。锁闭检查柱在锁闭杆缺口内的间隙(ZY(J)7 型电液转辙机用于内锁闭道岔时缺口两侧间隙应调整为 1.5 mm±0.5 mm,用于外锁闭道岔时缺口间隙应调整为 2 mm±0.5 mm;SH6 型转换锁闭器检查柱落入表示杆缺口内的两侧间隙应调整为 4 mm±1.5 mm)。油缸转换到位后,启动片通过拐臂带动接点组转换构成表示电路。转辙机在伸出位置时,锁闭检查柱与副锁闭杆缺口对应,即检查了此时尖轨的密贴。当转辙机开始转换时,油缸带动动作板移动,动作板上的斜面开始推动启动片的滚轮使启动片抬起。油缸继续向前移动,启动片抬起时带动动接点组转换,断开原表示接点。油缸移动至尖轨与基本轨密贴,此时油缸走完了转换动程,油缸侧面的推扳动作面进入反位锁块的锁闭面,动作杆不再动作,油缸带动动作板继续移动时,在弹簧的作用下接点组的启动片头部在与速动片脱离的瞬间快速落入动作板上速动片圆弧内,即快速地断开电动机电源,接通现表示接点。

三、SH6 型转换锁闭器的挤脱原理

道岔被挤时,尖轨带动动作杆和表示杆向反方向移动,动作杆通过锁块推动锁闭铁移动,锁闭铁移动后挤脱块被顶起,同时表示杆斜面推动检查柱上升,使动接点从静接点内退出,从而实现挤脱断表示功能。

四、电液转辙机主要检查项点

1. 机盖密封胶条弹性良好,整机防尘、防水情况良好。
2. 使用扳手检查机内各部位螺栓紧固,无松动。
3. 检查开闭器及电动机各接线端子紧固。
4. 检查遮断开关作用良好,接点断开后非经人工恢复不接通电路。

5. 检查油路系统各接头部位密封良好，无渗油现象，油缸的动密封应满足：油缸连续往复动作 20 次后，活塞杆两端油膜不成滴。

6. 动、静接点的接点压力、接点磨耗情况和接触深度检查。

7. 开闭器拉簧良好，能带动接点迅速转换。

8. 检查油缸无松动，缸套与缸座间隙不大于 2 mm。

9. 检查启动片滚轮在动作板上滚动灵活，落下后不与动作板相碰，滚轮与动作板斜面有不小于 0.5 mm 的间隙，且两侧间隙均匀。当滚轮在动作板上滚动时，启动片尖端离开速动片上平面间隙应在 0.3～1.3 mm 范围内。

10. 检查速动片弹簧弹力良好，速动片弹出灵活，无卡阻。

11. 检查转辙机转换时，油缸动作平稳无抖动，无漏油。

12. 检查电动机和油泵组联轴器转动灵活无卡阻、别劲，泵头工作时无异常噪声。

13. 惯性轮与电动机轴摩擦作用良好，手动检查惯性轮不抱死，并有一定阻力。

14. 检查锁闭柱（检查柱）落入锁闭杆（表示杆）缺口内两侧间隙应均匀。

15. 抽出油尺检查油箱内油量，油量应在油尺上下限范围内，不足时需加油。加油方法：将加油孔盖拧下，将油枪头部拧到加油孔上，将吸油管插入液压油中，抽动加油杆将油加入油箱中。

16. 测试转辙机溢流油压，溢流油压不大于 12.5 MPa。

17. 挤脱装置开口销良好。

五、电液转辙机内部注油

按电液转辙机检查内容检查良好后对转辙机内部各部位进行注油，机内注 TR-1 铁路专用润滑脂。

1. 动作杆、锁闭杆（表示杆）方孔套内毛毡注油，通过上部的注油孔对毛毡注润滑油，使毛毡油润。

2. 速动片与动作板的滑动部位注润滑油，也可将速动片推入后在两侧涂润滑脂。

3. 接点座上的检查柱注润滑脂。

4. 动作板上平面（与滚轮接触的工作面）涂润滑脂。

5. 使用专用工具通过滚轮中心注油孔对启动片滚轮内滚针注入润滑脂。

6. 锁块与锁闭铁锁闭面涂润滑脂。

7. 转辙机底壳衬板摩擦面涂润滑脂。

8. 使用专用油枪通过油缸上两注油嘴为锁块和推板摩擦部位注油。

第三节　ZYS7 型双杆电液转辙机

ZYS7 型双杆电液转辙机是为了解决复式交分道岔 4 mm 不锁闭的安全指标难以保证的问题而研制的新型道岔转换系统，ZYS7 型电液转辙机采用双动作杆、双锁闭表示杆，将复式交分 4 根尖轨改为类似两组单开道岔进行调整，调整方便，有利于保证 4 mm 不锁闭的检查和调整。ZYS7 型电液转辙机和 SHS6 型转换锁闭器配套使用，用来替代原有的 ZD6 型电动转辙机牵引交分道岔，转辙机所使用的配线与原有的转辙机配线方式相同，使用四线制直流道岔控制电路。采用直流的优点是使用液压双杆转辙机替代原有直流电动转辙机时室内器材及配线无需改动，也无需增加电缆。ZYS7 型电液转辙机用于完成交分四开尖轨的转换，转辙机有 2 根动作杆和 2 根表示杆，分别牵引 2 根尖轨，SHS6 型转换锁闭器主要完成交分心轨的转换。ZYS7 型双杆转辙机和 SHS6 型转换锁闭器本身无动力系统，其动力源由转辙机外的液压站提供，每台转辙机和锁闭器可共用一套动力系统（液压站），也可各带一套动力系统，牵引点和液压站间通过油管连接。该转辙机为内锁闭转辙机，其表示杆缺口间隙为 1.5 mm±0.5 mm。

一、ZYS7 型电液转辙机工作原理

ZYS7 型电液转辙机工作原理与 ZYJ7 型电液转辙机一致，主要由转换锁闭机构、表示锁闭机构组成，如图 5-3-1 所示。

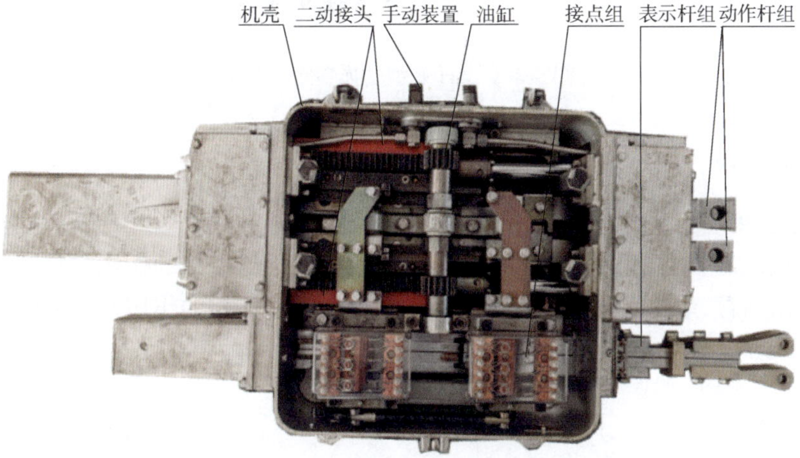

图 5-3-1　ZYS7 型电液转辙机结构

（一）转换锁闭机构

该机构主要由油缸、动作板、动作杆、锁块、锁闭铁组成。上述机构均采用双套，其作用是分别转换并锁闭四根尖轨在规定位置。为了保证两油缸同时动作推动动作杆转换，在动作杆上加装了控制双杆同步动作的限位装置。

（二）表示机构

表示机构主要由接点组和两根表示杆组成。其作用是能正确检查并反映四根尖轨在规定位置的机构，当任意一个检查柱没有落入表示杆缺口内时，开闭器接点均不能转换接通道岔表示。

ZYS7 型电液转辙机两油缸上分别安装有齿条，两齿条通过一根带有齿轮的横向连杆连接，转辙机转换时不仅起到保持两油缸动作同步的作用，还起到转辙机故障时应急手动转换的作用，当转辙机油路发生故障时可使用大扳手转动齿轮，通过两齿轮和油缸上齿条的配合来完成油缸的动作，从而完成转辙机的转换。

二、SHS6 型转换锁闭器结构

SHS6 型转换锁闭器主要由转换锁闭机构、表示机构组成，如图 5-3-2 所示。

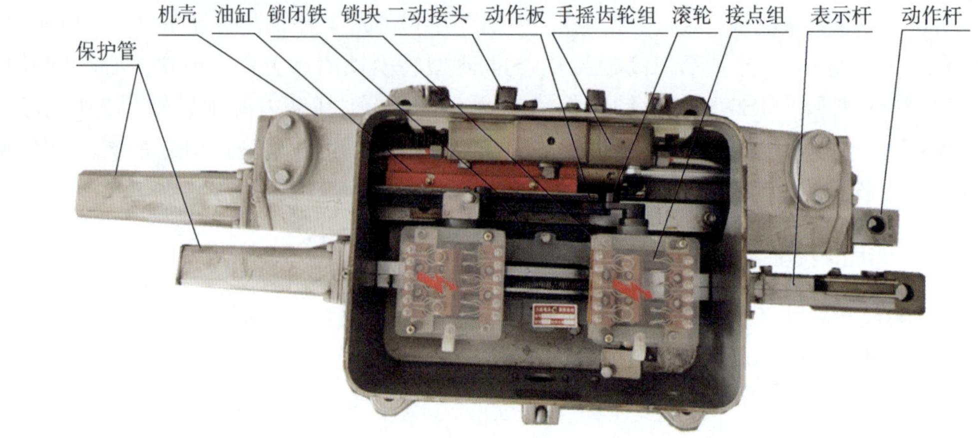

图 5-3-2 SHS6 型转换锁闭器结构

三、液压站结构

液压站主要由动力系统、油路系统、手动安全系统组成，如图 5-3-3 所示，动力系统作用是将电能转换成液压能，主要由电动机、联轴器、油泵组成；油路系统的作用是将液压能传输给执行机构，主要由油管、单向阀、溢流阀和油箱组成；手动安全机构的作用是手摇电动机时能切断电动机的动作电路，并且非经人工恢复不能接通电路。

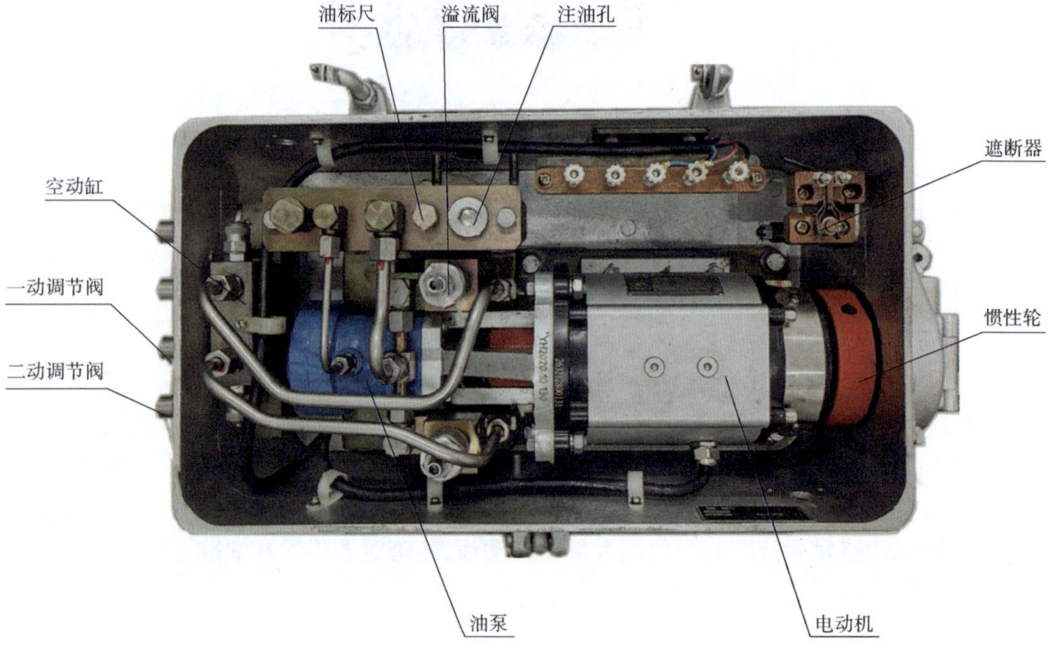

图 5-3-3 液压站结构

第四节　电液转辙机常见问题分析及处理

一、转辙机转换不到位

原因分析：

1. 油箱缺油：通过油箱标尺检查油箱内油量是否在标尺的上下限间。
2. 转辙机溢流压力过低，正常转换过程中发生溢流。
3. 转辙机负载力过大。
4. 转辙机内部动作部件发生卡阻。

处理方法：

1. 检查油箱内油量，进行添注。
2. 将转辙机溢流压力调整为 12.5 MPa。
3. 检查转辙机负载力，负载力符合该型号转辙机的额定负载力。
4. 检查转辙机内部是否有异物产生卡阻。

二、转辙机转换到位后，出现电动机反转断表示

原因分析：

1. 油路系统内部有气。
2. 转辙机惯性轮不起作用。
3. 道岔调整过紧，溢流压力大。

处理方法：

1. 通过溢流阀排除油路内空气。
2. 检查电动机惯性轮是否抱死，通过弹簧孔处向电动机轴间注适量润滑油并转动惯性轮进行润滑。
3. 对外部道岔重新进行调整，对转辙机溢流压力进行标调。

三、主、副机动作不同步

原因分析：

压入主、副机内的液压油不均衡。

处理方法：

将主、副机流量调节阀调整到最大后检查主副机/转换情况，转换快的转辙机通过流量调节阀减小液压油的压入量，进而调整主、副机不同步问题。

四、道岔解锁困难

原因分析：

1. 滚轮不转。
2. 工务轨枕窜动或滑床板与尖轨磨卡等。

处理方法：
1. 对滚轮进行注油，手转滚轮处理或更换不良滚轮。
2. 对道岔外部装置进行检查调整。

五、动接点不落下或动作慢

原因分析：
1. 表示杆缺口间隙调整不良。
2. 斥离轨未到位。
3. 动程不够，速动爪滚轮没有打落。

处理方法：
1. 对表示杆缺口间隙进行标调。
2. 对外部道岔进行调整。

六、转辙机油路泄漏，转辙机不能电动或手摇转换

1. 松开转辙机溢流阀，使用专用工具或撬棍撬动转辙机油缸，使转辙机内部解锁。

2. 使用撬棍撬动斥离轨，使外锁闭道岔解锁并转换至另一个位置，再撬动另一个尖轨至斥离位。

3. 继续对转辙机内的油缸进行撬动使之转换至转辙机锁闭位置，接点转换至另一道岔位置并给出道岔表示。

习题与参考答案

1. ZY(J)7 型电液转辙机主要由哪些部件组成？

参考答案：ZY(J)7 型电液转辙机主要由底壳、机盖、电动机、接点组、油泵、锁闭铁、油缸、动作杆、锁闭杆等部件组成。

2. SH6 型转换锁闭器主要由哪些部件组成？

参考答案：SH6 型转换锁闭器主要由底壳、机盖、挤脱接点组、锁闭铁、油缸、动作杆、表示杆等部件组成。

3. ZY(J)7 型电液转辙机溢流阀的作用是什么？

参考答案：当道岔转换中途受阻，为防止油路中的油压过高损坏部件和电动机堵转烧损，在油路中的油压高于溢流油压时，溢流阀阀芯被向上顶起，高压油经溢流阀流回油箱构成溢流。转辙机溢流压力应调整为转辙机额定转换力的 1.1～1.3 倍。

4. ZY(J)7 型电液转辙机单向阀的作用是什么？

参考答案：单向阀主要由阀体、钢球组成，单向阀如同二极管的单向导电特性一样，其通过钢球与配合端口密封，只能单向流通液压油。

5. ZY(J)7 型电液转辙机启动缸的作用是什么？

参考答案：启动缸的作用是克服交流电动机启动转矩低的缺点，当电动机启动时，相当于电动机在启动时只带了一个很小的负载，使得电动机能顺利启动。

6. ZY(J)7 型电液转辙机流量调节阀的作用是什么？

参考答案：每台转辙机安装有两个流量调节阀，分别安装在活塞杆两侧位置，通过调节流量调节阀上面的调整螺钉，控制活塞杆内进油量的大小，从而达到控制主、副机转换同步的作用。

7. SH6 型转换锁闭器挤脱原理是什么？

参考答案：道岔被挤时，尖轨带动动作杆和表示杆向反方向移动，动作杆通过锁块推动锁闭铁移动，锁闭铁移动后挤脱块被顶起，同时表示杆斜面推动检查柱上升，使动接点从静接点内退出，从而实现挤脱断表示功能。

8. 溢流压力调整方法及标准是什么？

参考答案：使用扳手松开溢流阀上紧固螺母，在转辙机溢流状态下使用 M6 内六角扳手调整溢流阀上的螺栓，顺时针旋转为加大溢流压力，逆时针旋转为减小溢流压力。转辙机溢流压力应调整为转辙机额定转换力的 1.1～1.3 倍，调整标准后再紧固螺母。

第六章　密贴检查器

密贴检查器安装于道岔两牵引点间，检查道岔尖轨的密贴和斥离状态，其接点串接在道岔表示电路中，当密贴检查处的尖轨与基本轨间的间隙大于或等于规定值时，切断道岔表示。密贴检查器主要用于直向列车通过速度 160 km/h 以上的道岔。

第一节　JM-A 型密贴检查器结构及工作原理

一、基本技术参数

JM-A 型密贴检查器基本技术参数见表 6-1-1。

表 6-1-1　JM-A 型密贴检查器基本技术参数

型　　号	表示杆最大动程(mm)	尖轨斥离检查距离(mm)	接点组数	安装方式	备　　注
JM-A 170/25	170	≤25	1	线路两侧	每个检查点 2 台
JM-A 170/65	170	≤65	1	线路两侧	每个检查点 2 台
JM-A 190/65	190	≤65	1	线路两侧	每个检查点 2 台
JM-A1 155/65	155	≤65	2	线路中间	每个检查点 1 台

二、JM-A 型密贴检查器结构

JM-A 型密贴检查器主要由表示杆、接点组、机盖、底壳组成，如图 6-1-1 所示。每台检查器设有 2 组表示接点和 2 组斥离接点，接点系统构造与 ZD6 型电动转辙机接点相似，在动接点轴上装配有用花键连接的调整板、动接点组和拐臂。

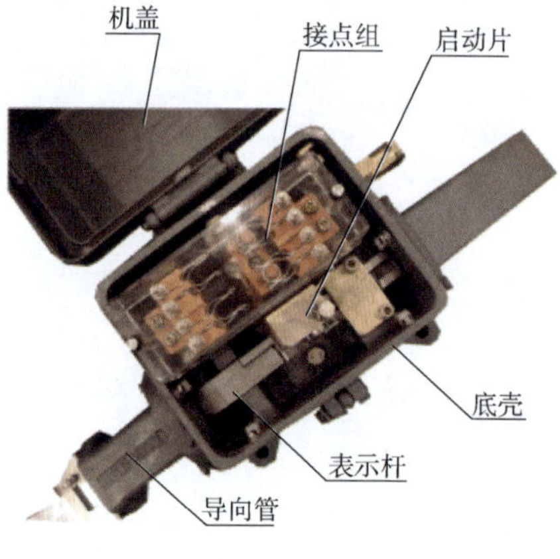

图 6-1-1　JM-A 型密贴检查器结构

JM-A 型密贴检查器只能检查一根尖轨的密贴和斥离状态，因此每组道岔两根尖轨需要两台密贴检查器，分别安装在线路的两侧。

(一)密贴检查器接点组

1. 接点组接通、断开良好。

2. 静接点组应安装牢固，绝缘件无裂纹，接点片应长短一致，不弯曲、扭斜，补强片应有预压力。

3. 从动接点环接通两静接点片开始至动接点环打入静接点片的深度不应小于 4 mm。

4. 当表示杆从密贴表示位往回移动，表示杆斜面与滚轮接触后，表示杆再移动 10 mm 时，密贴表示接点组应可靠断开。

5. 各接点片的接点压力应调整至 6～10 N。

6. 密贴检查器的表示杆从密贴表示位向斥离方向移动的距离达到规定的尖轨斥离检查距离时，应接通斥离表示接点。

7. JM-A 型密贴检查器的滚轮在表示杆上滚动灵活，当滚轮在检测杆上滚动时，启动片尖端离开速动片上平面的间隙应为 0.3～0.8 mm。

(二)表 示 杆

密贴检查器表示杆从斥离表示位向密贴表示位移动至密贴表示接点接通后，应有不小于 10 mm 的继续移动量；密贴检查器的表示杆在密贴表示位向斥离位动作时拉动表示杆的水平驱动力，从表示杆中心测量不应大于 280 N；表示杆在斥离表示位向密贴表示位拉动表示杆的水平驱动力，从表示杆中心测量不应大于 120 N(表示杆驱动力测试应以 4～10 s 完成表示杆动程的匀速度进行，测量 5 次，取每次最大值的平均值)。

三、JM-A 型密贴检查器工作原理

以密贴检查器表示杆向拉出位动作为例：转辙机牵引道岔尖轨转换→尖轨移动→安装装置连杆动作→拉动密贴检查器的表示杆向外移动，如图 6-1-2(a)所示。启动片上的滚轮开始从表示杆槽底向上爬坡，启动片推动速动片缩入表示杆内→滚轮与表示杆上的斜面接触后再水平移动 10 mm，滚轮爬上第一层平面，速动片弹出，如图 6-1-2(b)所示。启动片上的滚轮与表示杆上槽平面接触，动接点组转换 14°到中间位，可靠断开表示电路，此时动接点在中立位置，表示接点和斥离侧接点均为断开状态→表示杆继续拉出 63 mm 以上时，启动片上的滚轮经过表示杆上第二个斜面与表示杆上平面接触，动接点组转换 28°，如图 6-1-2(c)所示。接点组的斥离接点接通→转辙机继续转换并锁闭后，密贴检查器表示杆位置如图 6-1-2(d)所示。

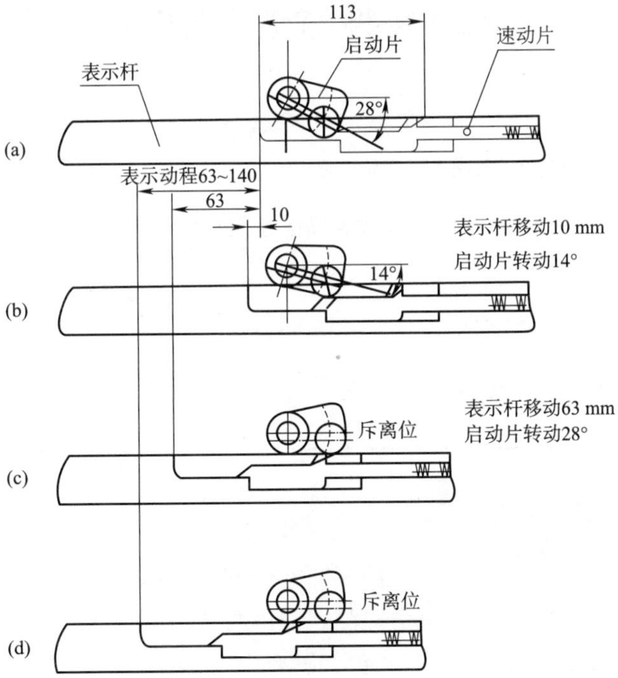

图 6-1-2 JM-A 型密贴检查器工作原理(单位：mm)

四、JM-A 型密贴检查器表示杆调整

表示杆从斥离位推入时，当接点组上的启动片刚从表示杆内速动片上落下时，移位标上的方孔外侧窗口边缘与表示杆上的标线对齐，此时表示杆再向内移动时，表示杆上的标线离开移位标外侧窗口边缘的距离即为表示缺口距离，如图 6-1-3 所示。

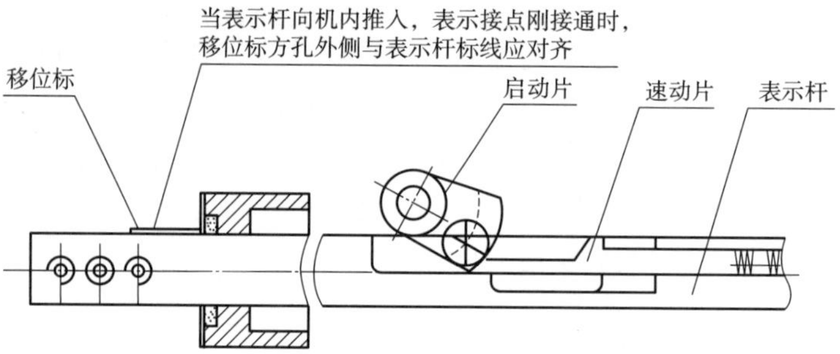

图 6-1-3　表示杆缺口检查

现行的规定要求两牵引点的密贴检查位有 5 mm 的间隙时不能接通密贴表示，4 mm 以下间隙可以接通密贴表示。所以对密贴检查器表示杆的调整，调节有扣和无扣螺母，改变表示杆接头在螺杆上的位置，使刻度线向内离开指示框外侧边缘 4 mm 即可；或通过在尖轨和基本轨间加入 4 mm 垫片，调整表示杆接头在螺杆上的位置，使表示接点刚好接通，再将表示杆接头的位置固定即可。在日常维护中若发现尖轨爬行或尖轨位置发生变化时须重新调整表示检查的间隙。

第二节　JM2 型密贴检查器结构及工作原理

一、基本技术参数

JM2 型密贴检查器基本技术参数见表 6-2-1。

表 6-2-1　JM2 型密贴检查器基本技术参数

型　　号	表示杆最大动程(mm)	尖轨斥离检查距离(mm)	接点组数	安装方式	备　　注
JM2-L 170/65	170	≤65	1	线路两侧	每个检查点 2 台
JM2-L2 170/25	170	≤25	1	线路两侧	每个检查点 2 台
JM2-Z 160/65	160	≤65	2	线路中间	每个检查点 1 台

二、JM2 型密贴检查器结构

JM2 型密贴检查器根据在轨道上的安装位置，分为两侧安装型 JM2-L 和中间安装型 JM2-Z。JM2-L 型安装在轨道两侧，每个检测点使用两台，分别检查各自尖轨的密贴和斥离状态。JM2-Z 型安装在轨道中间，一台可以同时检查密贴尖轨和斥离尖轨的状态。

JM2-L 型密贴检查器主要由底壳、机盖、接点组、表示杆组成，如图 6-2-1 所示。

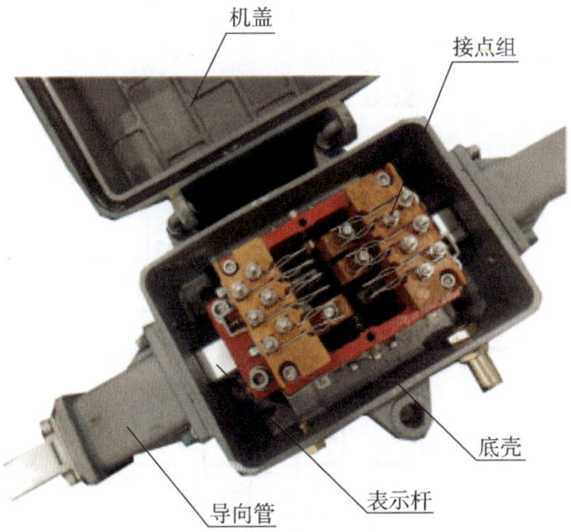

图 6-2-1 JM2-L 型密贴检查器结构

(一)底壳和机盖

JM2-L 型密贴检查器的底壳采用铸铁材料,底部设有排水孔。机盖采用铝合金压铸而成,机盖有密封圈,密封性能良好。机盖与底壳之间采用铰链连接,前端用专用的压紧螺栓将机盖锁紧在底壳上,可用铁路专用挂锁锁上。

机盖密封的调整方法是:打开机盖并移开,松开底壳上两个弯头螺栓上的螺母,调节弯头螺栓的拧入深度即可。

(二)接 点 组

接点组主要由接点座、动接点、静接点、推杆等组成。

1. 接点压力应调整为 6～10 N,不要随意加大接点压力,压力过大时不仅加剧接点环与接点片之间的磨损并拉伤表面,还可能导致转换动作不畅。

2. 当使用一段时间后,如果动、静接点组上积有较多粉尘,可用适当工具清扫动静接点绝缘材料表面积存的金属粉末。

3. 动接点环与静接点片之间不允许涂液体油/油脂。

4. 日常维护时,对接点转换顺畅状态的检查,在密贴检查器表示杆处于密贴位置时进行:手拨动接点于任意角度,释放后接点应能在推杆作用下完全复位。手拨接点在刚刚进入静接点时,每一对静接点片应与对应的动接点环宏观对中。

三、JM2 型密贴检查器工作原理

JM2 型密贴检查器表示接点的接通与断开由表示杆及储能弹簧驱动,当转辙机带动道岔转换时,尖轨的移动通过外部安装连杆带动密贴检查器的表示杆移动。与斥离尖轨一侧连接的表示杆通过杆上的斜坡 A、B 分别驱动密贴检查接点、斥离检查接点转换。接点转换的同时压缩推杆内的弹簧储能。与密贴尖轨一侧连接的表示杆移动到一定位置,推杆内被压缩的储能弹簧释放,推动接点转换。当两侧尖轨均到达规定位置,两组接点才能全部接通,给出相应的表示。

JM2 型密贴检查器一组接点从密贴到斥离过程的动作原理如图 6-2-2 所示。

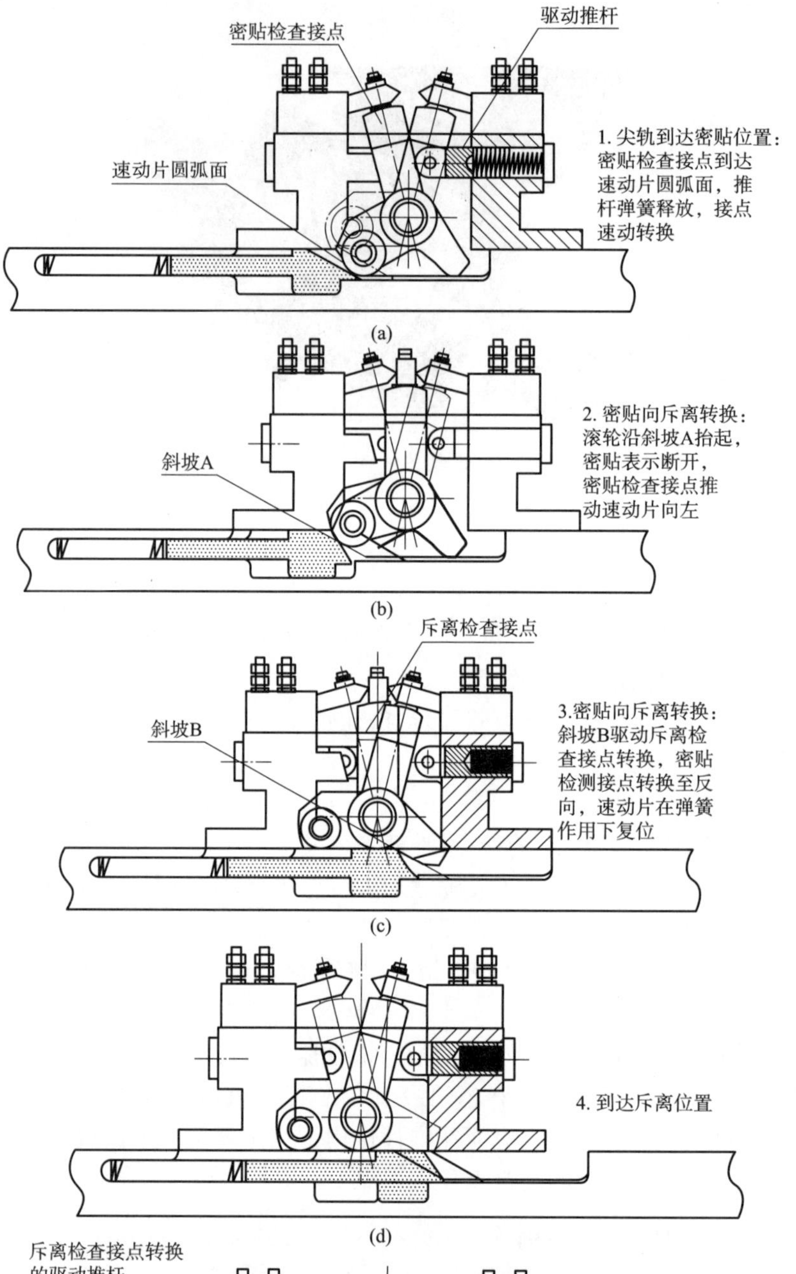

图 6-2-2　JM2 型密贴检查器工作原理

尖轨到达密贴位置，密贴检查接点转换的瞬间，密贴检查接点到达速动片圆弧面，推杆弹簧释放，使该接点速动转换，接通密贴表示。此时，表示杆还可以继续向密贴位置移动 1.5～10 mm，完成斥离位至密贴位的操作，如图 6-2-2(a)所示。

尖轨由密贴向斥离转换过程中，当尖轨拉动表示杆从密贴位置向斥离位置移动，密贴检查接点的滚轮沿斜面 A 爬起，同时向左推动速动片压缩弹簧，当表示杆移动 10 mm 时，密贴检查接点在斜面 A 与滚轮的作用下断开，如图 6-2-2(b)所示。当移动 25 mm 时接通反向接点，如图 6-2-2(c)所示。同时接点滚轮处的圆弧面脱离被压缩的速动片，速动片在弹簧作用下复位，表示杆继续移动到 65 mm 时，斜面 B 驱动斥离检查接点转换，接通斥离表示接点。完成密贴位至斥离位的操作，如图 6-2-2(d)所示。

尖轨由斥离向密贴转换时，尖轨拉动表示杆从斥离位置向密贴位置移动，当尖轨与基本轨的间隙小于 65 mm 时，斥离检查接点位于斜面 B 的缺口位置，对应的推杆驱动该接点转换，断开斥离接点，如图 6-2-2(e)所示。

尖轨继续移动到密贴位置时，密贴检查接点位于表示杆缺口位置，推杆在压缩弹簧作用下弹出，接点快速接通。

四、JM2 型密贴检查器表示杆调整

JM2 型密贴检查器的表示调整是在尖轨密贴时，通过调节安装装置的调整连杆长度进行的。调整时应先将调整连杆调至最短，以免操纵道岔时，挤弯杆件或损坏密贴检查器。使用厚度为 4 mm 的检测片，夹在密贴尖轨与基本轨之间，操纵道岔，使待调侧的尖轨密贴，无扣六方螺母与有扣圆螺母对卡，拧动六方无扣螺母，调节连杆的长度，当密贴检查接点刚好转换时，拧紧防松螺母，锁定有扣圆螺母。重新操纵道岔使尖轨密贴，使用 5 mm 厚度的检测片夹在待密贴的尖轨与基本轨之间，检查并确保密贴检查接点不转换。最后去掉检测片，再次操纵尖轨密贴，确保密贴检查器转换正常，并且表示杆至少有一根刻度线已经通过移位标，表示杆拉入位置刻度线如图 6-2-3 所示，表示杆伸出位置刻度线如图 6-2-4 所示。

注意：尖轨密贴到位后，移位标应位于表示杆三根刻度之间。调整合适后紧固调整连杆上的防松螺母。

图 6-2-3　表示杆拉入

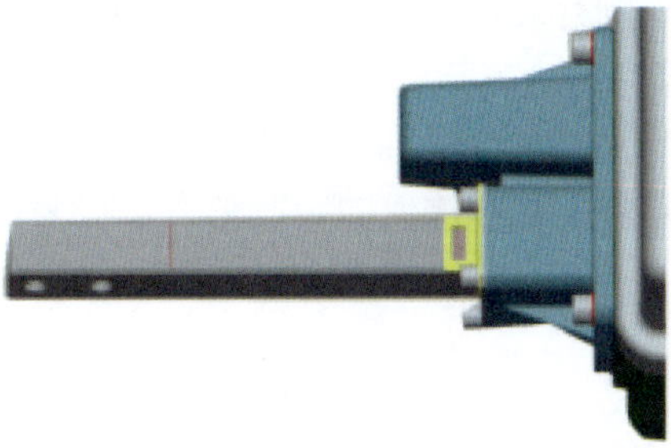

图 6-2-4　表示杆伸出

第三节　密贴检查器常见问题分析及处理

问题描述：JM2 型密贴端尖轨到位，双动接点未转换。

原因分析：

1. 调整不当，表示杆刻度偏离移位标区域。
2. 接点片与接点环间的摩擦力过大。
3. 双动支架或单动支架的端面锈蚀，造成卡阻。
4. 推杆不能弹出。

处理方法：

1. 调整密贴检查器外部连杆，将表示杆移位标记与移位标上标记对齐。
2. 检查接点片状态，对接点压力进行检查，将接点压力调整在 6～10 N 之间，擦拭接点。
3. 检查双动接点的转换情况，对摆动部位注机油。
4. 检查推杆是否在推杆套内出现卡阻（进水结冰或内有杂质）。
5. 检查推杆弹簧弹力是否良好。

习题与参考答案

1. 简述密贴检查器用途。

参考答案：密贴检查器安装于道岔两牵引点间，检查道岔尖轨密贴处的密贴和斥离状态，其接点串接在道岔表示电路中，当密贴检查处的尖轨与基本轨间的间隙大于或等于规定标准值时，切断道岔表示。密贴检查器主要用于直向列车通过速度 160 km/h 以上的道岔上。

2. 简述 JM-A 型密贴检查器主要组成。

参考答案：JM-A 型密贴检查器主要由表示杆、接点组、机盖、底壳组成。

3. 什么状态下 JM-A 型表示杆上标线与移位标上方口外侧对齐？

参考答案：表示杆从斥离位推入时，当接点组上的启动片刚从表示杆内速动片上落下时，移位标上的方孔外侧窗口边缘应与表示杆上的标线对齐。

4. 简述 JM2 型密贴检查器表示杆调整方法。

参考答案：使用厚度为 4 mm 的检测片，夹在待密贴尖轨与基本轨之间，操纵道岔，使待调侧的尖轨密贴，无扣六方螺母与有扣圆螺母对卡，拧动六方无扣螺母，调节连杆的长度，当密贴检查接点刚好转换时，拧紧防松螺母，锁定有扣圆螺母。重新操纵道岔使尖轨密贴，使用 5 mm 厚度的检测片夹在待密贴尖轨与基本轨之间，检查并确保密贴检查接点不转换。最后去掉检测片，再次操纵道岔使尖轨密贴，确保密贴检查器转换正常，尖轨密贴到位后，移位标应位于表示杆三根刻度之间。调整合适后紧固调整连杆上的防松螺母。

第七章　驼峰专用 ZK4 型电空转辙机

ZK4 型电空转辙机(以下简称电空转辙机)可分为 ZK4-170 型和 ZK4-200 型两种。适用于有压缩空气源的自动化、半自动化铁路驼峰调车场,是借助于压缩空气完成转换道岔、锁闭道岔和表示尖轨位置的快速道岔转换设备。在满足道岔转换时间要求时,适用于 50 kg/m 和 60 kg/m、50 kg/m 和 45 kg/m 钢轨的 9 号及 9 号以下单开及单开对称道岔和三开道岔(在不需满足转换时间要求时可根据负载要求选择道岔),根据站场需要,安装在道岔左侧或右侧。

第一节　ZK4 型电空转辙机结构及工作原理

一、型号、含义及适用环境条件

电空转辙机型号及其含义如下:

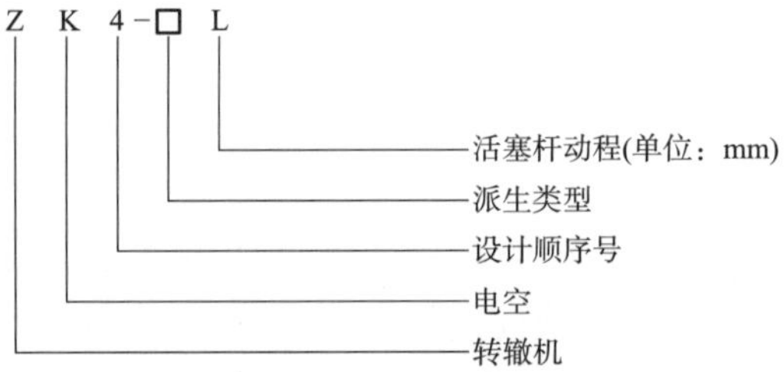

环境温度:－40 ℃～＋70 ℃(机内温度 0 ℃～＋70 ℃)。
相对湿度:90%(＋25 ℃)。
海拔高度:70.1 kPa(3 000 m 以下)。

二、电空转辙机主要特点

1. 用差压自保式换向阀结构作整机控制机构,消除了换向阀因漏风而误动作的隐患,提高了整机安全可靠性,简化整机结构,并具有结构新颖等特点。

2. 利用长期受电的电磁锁闭阀代替气动大锁闭阀,克服了解锁时与动作杆卡阻的缺陷。

3. 利用低压开关控制电磁锁闭阀伸出及工作风压,提高运营的可靠性。

4. 设备主要机构采用 SF-2 复合材料衬套,减少现场维修工作量,同时提高了整机的使用寿命。

5. 采用双锁闭结构,即气缸的气锁闭和电磁锁闭,防止了因偶然泄漏或低风压造成设备失控引发故障。

6. 表示装置安全可靠、故障率低、动作直观,便于观测、维修。

7. 操作方便,安装和维修简单。

8. 动作速度快,转换时间短。

9. 结构简单、外观新颖、使用寿命长。

10. 体积小、质量轻,无环境污染。

11. 采用集成式气源处理元件,克服了现场所指定压力因振动而造成变化等问题。

三、ZK4 型电空转辙机结构

ZK4 型电空转辙机主要由控制部分、执行部分、表示装置、锁闭装置及其附件等组成,如图 7-1-1 所示。

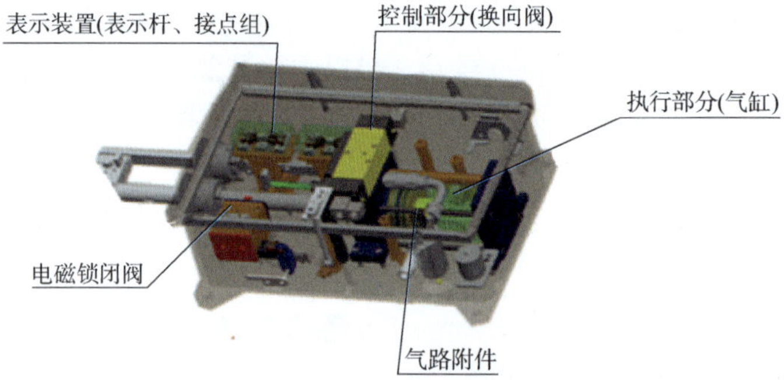

图 7-1-1 ZK4 型电空转辙机

四、工作原理

1. 电磁先导阀线圈与电磁锁闭阀线圈采用单独供电方式。

2. 当定位电磁先导阀得电励磁,换向阀换向,气缸前腔进气,活塞杆缩回,待尖轨与基本轨重新密贴后,接通定位表示电路,反之亦然。

3. 电磁锁闭阀在压力开关控制下处于长期通电状态,当风压在使用风压范围时,压力开关接通电磁锁闭阀电路,锁闭杆处于缩回状态;当风压低于断开风压设定值时,压力开关切断电磁锁闭阀电路,锁闭杆伸出,锁闭活塞杆,从而锁闭道岔,保持尖轨位置。

第二节 ZK4 型电空转辙机拆装及检查标准

一、主要零部件

(一)换 向 阀

1. 换向阀结构

换向阀由电磁先导阀、左右端盖、手动销组成,如图 7-2-1 所示。

2. 换向阀功能

换向阀是电空转辙机主要控制部件,采用了差压式自保换向阀,通过定、反位电磁阀的动作,使换向阀换向;动作完成后,利用换向阀阀芯变径结构产生压力差,保持换向阀阀芯的位置,确保设备不会因振动造成误换向,提高了整机动作的安全可靠性。

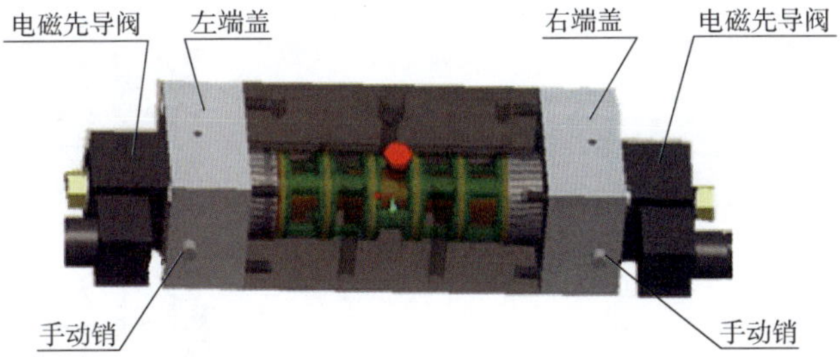

图 7-2-1　换向阀

3. 拆装过程

(1)解体:解体时先去掉放风堵和其 O 形圈,松开先导电磁阀末端的排污螺帽后,去掉左、右电磁先导阀的紧固螺栓和压盖紧固螺栓,然后按照顺序逐一将隔套及 E 形圈解体。

(2)清理清洗:将所有拆解下的金属部件用煤油清洗干净,并用高压空气吹净、晾干,放于专用组装平台上待装,所有零部件不得有污物、锈蚀。

4. 装配过程及注意事项

将所有合格金属件清理去毛刺,用煤油清洗,左右端盖、阀体用高压风吹净待用,将合格零部件按下列顺序装配。

(1)手动销组装,将 O 形圈装入手动销,装上弹簧待用。手动销沟槽及 O 形圈表面均匀涂美孚力富 SHC100 润滑脂,如图 7-2-2 所示。

(2)缓冲垫装入左/右端盖,将 QY 型圈按图示方向与推套装配,再装入左/右端盖,构成端盖组成。推套沟槽、端盖内壁及 QY 型圈表面均匀涂美孚力富 SHC100 润滑脂,如图 7-2-3 所示。

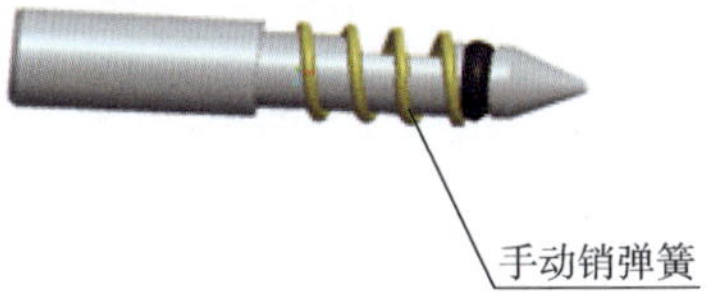

图 7-2-2　手动销

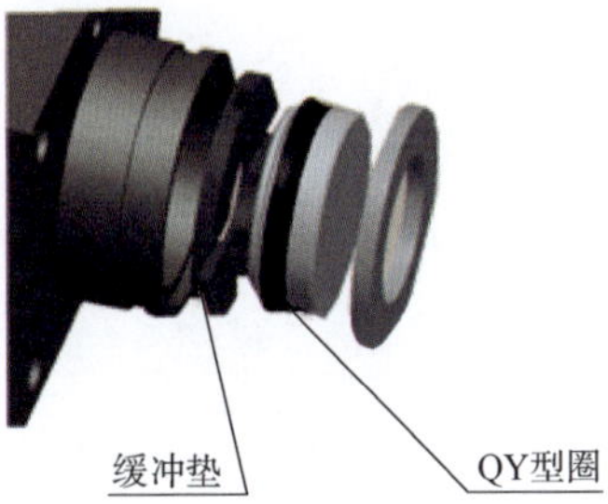

图 7-2-3　端盖组成

(3)左端盖组成止口朝上放于工作台上,将调整垫放入左端盖止口,阀体竖立装在左端盖上。依次将小 E 形圈、小隔套、小 E 形圈、大隔套、大 E 形圈、大隔套装入阀体内,各密封圈、隔套准确到位,如图 7-2-4 所示。穿入阀芯,再依次装入大 E 形圈、大隔套、小 E 形圈、小隔套、小 E 形圈,各密封圈、隔套准确到位,如图 7-2-5 所示。将前面已装配部分放平,调整垫放入右端盖止口,将 O 形圈装入阀体两端沉孔内,装配右端盖,左右端盖与阀体连接,并紧固。

(4)装配注意事项如下:

①阀体内壁、E 形圈表面及阀芯大外圆均匀涂美孚力富 SHC100 润滑脂,严禁使用钙基脂。

图 7-2-4　隔套

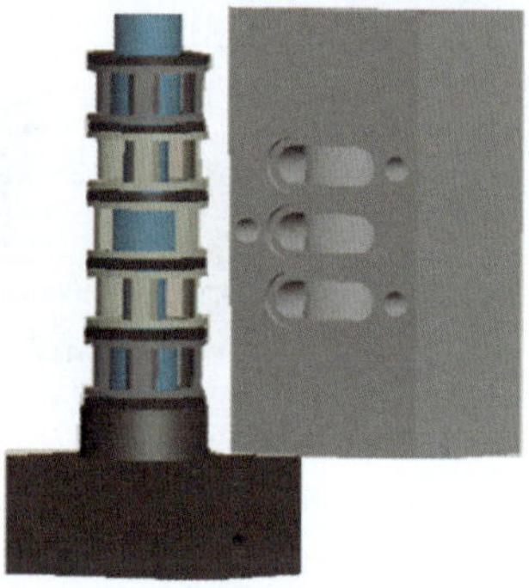

图 7-2-5　阀体

②E 形圈装配顺序方向“[小[小[大大] 小] 小]”;大小区别为内孔大与小。

③阀体内壁及隔套内、外加工面不得有毛刺。

④隔套大小分布顺序“小 大 大 大 小”;大小区别为内孔大与小。

⑤阀体内两端垫圈上阀体台。

⑥E 形圈及 QY 型圈装配时禁止使用尖锐工具,以免造成密封圈破损。

(5)手动销组成装入左右端盖,装上挡销,再装先导电磁阀组成紧固,如图 7-2-6 所示。铆接铭牌,装放风堵。用纸蘸 20 号机油后,将换向阀通气孔封住,待整机装配使用。电磁阀挡销不得脱落和高出端盖平面,线圈紧固螺钉紧固力不宜过大。

图 7-2-6　电磁阀

(二)气　　缸

1. 气缸结构

气缸由气缸座、压盖、活塞组成、支撑环、风管及垫圈等组成,如图 7-2-7 所示。

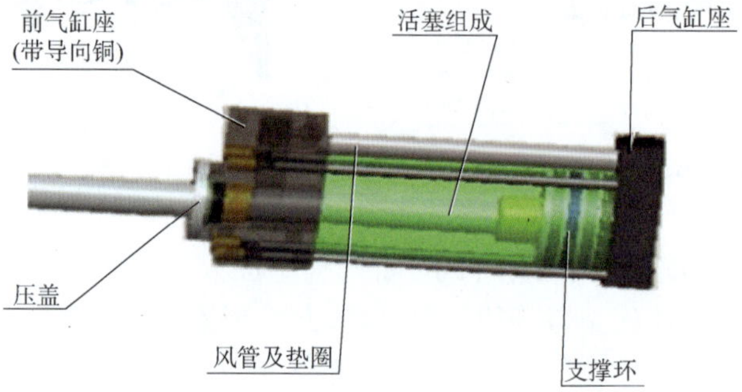

图 7-2-7　气缸

2. 气缸功能

气缸是双向直推式气缸,是电空转辙机主要执行部件,气缸动作杆通过密贴调整杆与道岔尖轨相连,压缩空气推动动作杆伸出、拉入,从而完成道岔转换。

3. 拆装过程及注意事项

(1)解体及注意事项

将前气缸座前端三个紧固压盖的螺栓拆解掉,顺序拆掉压盖、防尘圈、压垫和 QY 型密封圈(注意拆解 QY 型密封圈时不要将密封圈破坏);将气缸的前、后气缸座紧固用的 4 个长螺栓拆掉,退出前、后气缸座(注意拆解时用铜锤分别轻敲击前或后气缸座并配合转动,避免缸身内部损伤;前、后气缸座放置时不得将子口面朝下),拆除前后气缸座上的 O 形密封圈;将活塞组成从缸身中退出(注意解体过程中取出活塞组成时应在水平状态下,将活塞旋转离开缸身,避免缸身划伤);拆去活塞组成中的 YX 密封圈和支撑环。气缸结构如图 7-2-8 所示。

图 7-2-8 气缸

(2)煤油清理、清洗并用高压风吹干所有机加工件,按顺序组装

①活塞装配:在活塞沟槽内及 QY 型密封圈内外表面均匀涂美孚力富 SHC100 润滑脂,按图 7-2-9 所示装配一侧 QY 型密封圈和支撑环。装配 QY 型密封圈时不得用尖锐工具,以免对密封圈造成损坏。

②前气缸座装配:前气缸座(带有导向铜套)沟槽涂美孚力富 SHC100 润滑脂,将 O 形密封圈装入沟槽,并在其表面涂美孚力富 SHC100 润滑脂。

③缸身装配:缸身内壁及外壁擦拭干净,并均匀涂美孚力富 SHC100 润滑脂,缸身垂直放置在工作台上,将已装配好的活塞组成竖直放入缸身,并依次装配前气缸座组、QY 型密封圈、压垫、防尘圈、压盖,装配到位并紧固。装配 QY 型密封圈时不得用尖锐工具,以免对密封圈造成损坏;支撑环在进入缸身过程中不得挤卡。缸身装配如图 7-2-10 所示。

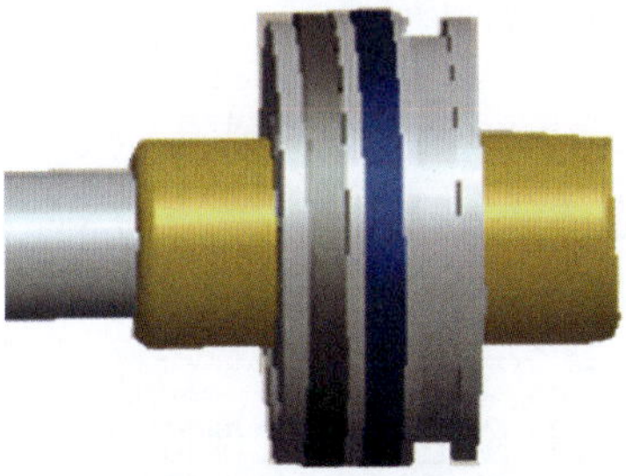

图 7-2-9 活塞

图 7-2-10 缸身

④后气缸座装配:后气缸座沟槽涂美孚力富 SHC100 润滑脂,将 O 形密封圈装入沟槽,并在其表面涂美孚力富 SHC100 润滑脂。

⑤将前期装配件水平放置,手动推出活塞至露出活塞前端沟槽,然后将涂有美孚力富

SHC100 润滑脂的 QY 型密封圈装入活塞沟槽内，用铜锤（皮锤）将活塞推入缸身，装入后气缸座组到位前，将密封平垫圈分别装入前后气缸座风管连接孔，装风管，用皮锤轻击后气缸座，装配到位；用长螺栓、内六角圆螺母、弹簧垫圈、平垫圈将前后气缸座连接，均匀紧固。

⑥按图 7-2-11 所示封堵后气缸座工艺孔 O 形圈，封孔盖，并用螺钉紧固。

图 7-2-11　气缸装配过程示意

（三）接点组成

1. 接点组成结构

接点组成结构主要有左右接点座、动接点、静接点、动接点轴、表示杆等，如图 7-2-12 所示。

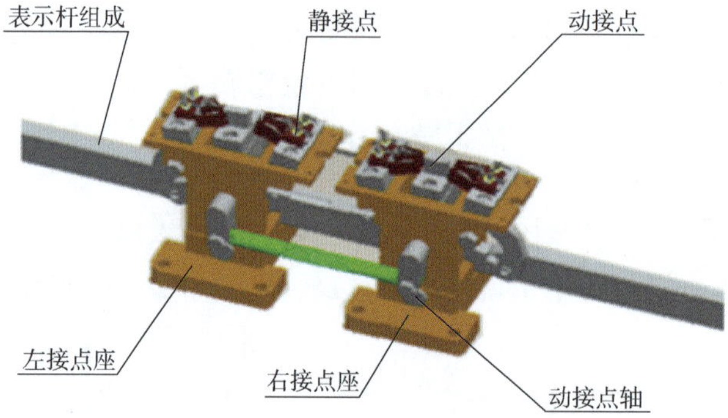

图 7-2-12　接点组成结构

2. 接点功能

表示装置是反映电空转辙机定位或反位状态的装置。表示装置中的表示杆通过连接铁与动作杆相连，并与动作杆同步动作，接通或切断表示电路，表示尖轨位置。

3. 装配修整部位及注意事项

（1）左右动接点座 R50 圆弧处在装配调整中允许修整，以满足保持钩（图 7-2-13）挂钩及顺利摘解；但修整时注意不得将接点座圆弧处与保持钩接触面倒角，应按 R50 圆弧面顺延修整。

（2）接点转接灵活，方向正确。注意：动接点应顺利进入静接点，接点片与补强片接触；接点片与补强片在动接点未切入时应有 0.8～1 mm 间隙，如图 7-2-14 所示。

（3）动接点切入静接点深度不小于 4 mm；动接点沿直线切入偏差不大于 1 mm 。

（4）拉簧紧固时螺钉拧紧力不宜过大（动接点轴接头不可变形）。

图 7-2-13 保持钩

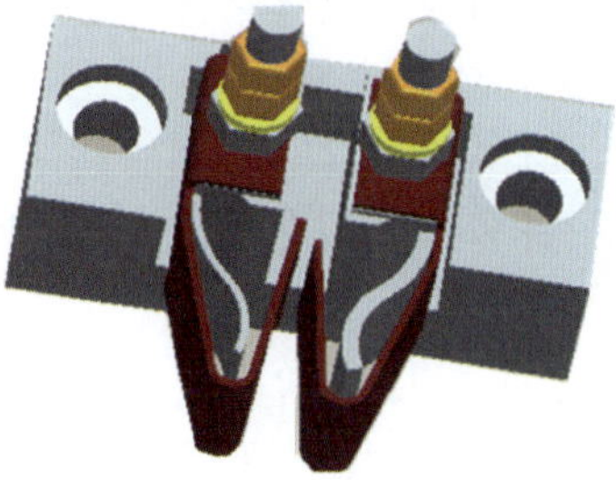

图 7-2-14 安全静接点

(四)电磁锁闭阀

1. 电磁锁闭阀结构

电磁锁闭阀由导磁体、线圈、前盖、调整手柄、锁闭杆、后盖组成,如图 7-2-15 所示。

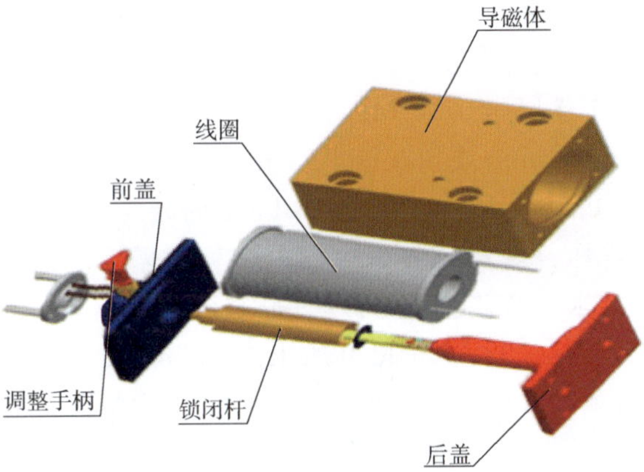

图 7-2-15 电磁锁闭阀

2. 电磁锁闭阀功能

电磁锁闭阀是电空转辙机的辅助锁闭装置,保证在风压低于断开风压设定值时锁定动作杆,从而锁闭道岔。

3. 拆装注意事项

(1)电磁锁闭阀整体装配完成后,锁闭杆在前盖中无卡阻,围绕锁闭杆自身轴线旋转任意角度,锁闭杆都能伸缩自如。

(2)手动操作及低风压动作前,应将锁闭杆锁进阀体内,为防止锁闭杆与活塞杆发生撞击,需将调整手柄按下旋转 180°。

(3)锁闭杆遭受撞击后必须更换新的锁闭杆,防止锁闭杆自身卡阻造成故障。

(五)组合气源处理元件

1. 功能

气源处理元件是对压缩空气在进入换向阀前进行净化处理,并使油雾器滴出的油形成雾状随压缩空气进入换向阀、气缸,从而起到润滑作用,同时调压阀具有调整气源压力作用。

2. 分解注意事项

(1)拆卸过滤杯时用“老虎钳”夹紧阀体两端(进、排气口),夹紧前在钳口与阀体间隔软质材料，保护阀体，夹紧角度视具体情况而定。操作者用手向前推起杯体减少杯体摩擦，用手按卡块，转动杯体直至杯体脱离阀体。

(2)用煤油清洗杯体和过滤网(切忌使用带有丙酮的清洗液)，防止磕碰过滤杯。

(3)拆解调压手柄时，使用专用工具或“死板手”，切忌使用管钳类工具。

3. 装配注意事项

(1)再次组装过滤杯时，检查防护杯罩卡是否磨耗过大(出现明显斜角则报废)，大、小O形圈是否完整(一般更换大、小O形圈)，过滤杯有无裂痕等。当阀体清洗吹干后，先将阀体固定在适合装配人员操作的角度，再将涂上润滑脂(建议采用美孚力富 SHC100 润滑脂，禁止使用钙基脂)的大、小O形圈装配到位，然后将组合杯口上涂润滑脂，慢慢左右轻摆动装配到阀体，当感觉到杯口与阀体底面接触后，托住杯底转动组合杯直至卡块入槽并卡紧。

(2)组合气源处理元件中采用的所有密封件均为专用件，与一般国标件不可互换。

(六)检修整机测试内容

1. 电磁先导阀吸起电压：在风压为 0.45 MPa 下 $U_{吸} \leqslant$ DC 16 V。

2. 电磁先导阀释放电压：在风压为 0.45 MPa 下 $U_{放} \geqslant$ DC 1.5 V。

3. 动作时间：在最低工作风压 0.45 MPa，电压 DC 20 V 下，动作时间小于或等于 0.6 s。

4. 活塞行程：170 mm±2 mm 或 200 mm±2 mm。

5. 保压功能：风压从 0.55 MPa 降至 0.20 MPa 的时间应不小于 8 min。

6. 电磁锁闭阀吸起电压：≤DC 13 V。

7. 机内断表示精度要求：单向超出或小于实际自由尺寸 0.5～2 mm 时表示不转换。

8. 压力开关接通风压：≤0.32 MPa，断开风压：≥0.23 MPa。

9. 启动检测：不带负载和收回锁闭杆状态下，通入 0.25 MPa 风压下，活塞杆平稳运动到位(不要求动作时间)。

10. 气密性要求：其试验风压为 0.6 MPa，试验时气动元件及管路的连接处，要保证密封良好。测试方法：用浓度为 10%的肥皂液检查，有泄漏时 3 s 内不得将肥皂泡吹破。

11. 绝缘电阻：端子部分不小于 500 MΩ。

12. 紧固件紧固良好。

(七)维修保养及注意事项

1. 检修机内各部件时，必须先断开电源和气源，再将换向阀上部的排气阀打开，排气后方可解体进行检修。

2. 手动操作前，必须先将电磁锁闭阀锁闭杆锁入阀体内。

3. 每次检修完毕后，须打开电磁锁闭阀锁闭杆，接通安全开关，经过自动试验确认无误后，方可关盖使用。

4. PS31 压力开关在使用中不可自行调整。

5. 气源处理元件通风前逆时针旋转手轮，使本阀定值弹簧卸荷后打开气源，按顺时针逐渐转动手轮使压力逐渐增加，直至压力表指针所指定压力为所需输出压力，然后按下手轮锁定压力值。注意：调压手轮在 0～0.7 MPa 范围内调压。

6. 根据现场使用环境及使用情况定时排除过滤杯中杂质和积液，如果过滤网表面杂质过多应更换整体组合气源处理元件，在检修所内清理、清洗过滤网。

7. 油杯中注油量不得超过杯体的 2/3；加入的润滑油一般根据温度选用，建议采用 13 号机械油或合成锭子油。

第三节　ZK4 型电空转辙机常见问题分析及处理

一、机械故障

1. 电磁锁闭阀卡阻。

解决方法：更换锁闭杆，检测锁闭杆轴向上任意角度位置是否伸缩自如，如果存在卡阻可用 400 号砂纸打磨铜套。

2. 换向阀 E 形圈装配顺序错误。

解决方法：按要求解体后，E 形圈按“[小[小[大大] 小] 小]”装配顺序、方向按装配要求重新装配；E 形圈大小区别为内孔大与小。

3. 活塞杆或表示杆装配中与底壳卡阻。

解决方法：更换圆孔套或方孔套。

4. 先导阀动铁芯密封垫突出堵塞动程或密封不严导致漏风。

解决方法：更换动铁芯。检测方法：按动手动销瞬间松开，观察先导阀排气是否畅通，不畅通即为此项故障产生。

二、电气故障

1. 电磁先导阀接线虚接或断开。

解决方法：将电磁先导阀接线紧固、可靠。

2. 安全开关虚接或断开。

解决方法：调整安全接点中静接点片，使之与动接点可靠接触。

3. 表示接点接触不良。

解决方法：调整静接点中接点片，使之与动接点可靠接触。

三、电磁锁闭阀锁闭杆偶尔伸出

1. PS31 压力开关设定值超出要求。

解决方法：更换 PS31 压力开关。

2. 气源处理元件过滤网堵塞。

解决方法：清理、清洗或更换过滤网。

3. 使用风压值过低。

解决方法：按照整机要求将风压调整到 0.55～0.6 MPa。

4. 接线虚接。

解决方法：将接线重新紧固。

四、整机排气孔漏风

1. 换向阀中两个大 E 形圈或中间小 E 形圈损坏。

解决方法：更换大E形圈或小E形圈。
2. 换向阀端盖上QY型密封圈损坏。
解决方法：更换换向阀端盖上QY型密封圈。
3. 气缸中QY型密封圈损坏。
解决方法：更换气缸中QY型密封圈。

五、无表示信号

1. 接点接线是否虚接或断开。
解决方法：将接点接线紧固。
2. 动静接点有杂质。
解决方法：清除接点杂质。
3. 接点虚接
解决方法：调整静接点中接点片与补强片间隙，使之与动接点可靠接触。
4. 活塞杆和密贴调整杆连接的孔磨耗过大。
解决方法：更换活塞组成。

六、气源处理元件漏风

1. 排污阀漏风。
解决方法：清除针阀锥面杂质，或更换排污针阀。
2. 过滤杯、储油杯漏风。
解决方法：密封圈损坏或者防护杯磨耗超限，更换O形圈或组合杯。

七、气源处理元件不滴油

1. 润滑油黏度过高。
解决方法：建议更换13号机械油、合成锭子油或三位五通阀油。
2. 吸油管或油管连接体堵塞。
解决方法：清理吸油管或油管连接体。
3. 过滤杯、储油杯漏风。
解决方法：更换过滤杯、储油杯的O形圈。

习题与参考答案

1. ZK4型电空转辙机过滤器的作用是什么？
参考答案：防止污物、冷凝水及各种异物进入转辙机的气路中，造成转辙机故障。
2. 压力表及开关应符合哪些要求？
参考答案：
(1)压力表指示正确不超期。
(2)开关作用良好。
(3)各连接处不漏风。

3. ZK4 型电空转辙机整个阀体内不能保压的常见原因有哪些？

参考答案：

(1)单向阀失去作用。

(2)滑阀漏风。

(3)风缸漏。

4. ZK4 型电空转辙机入所修作业项目有哪些？

参考答案：

(1)准备工作。

(2)修前检查。

(3)分解、清洗、整修。

(4)组装成机。

(5)微调。

(6)修后检查。

(7)验收员验收。

(8)入库。

5. ZK4 型电空转辙机入所修作业的分解、清洗、整修工作步骤有哪些？

参考答案：

(1)换向阀、电磁先导阀、单向阀检修。

(2)气动三联件、风管路检修。

(3)表示杆、开闭器检修。

(4)气缸组件检修。

(5)电磁锁闭阀检修。

(6)遮断器检修。

(7)外壳检修。

6. ZK4 型电空转辙机表示杆检修有何要求？

参考答案：

(1)平直、无油污，缺口磨耗不超限。

(2)连接铁无变形，调整孔磨耗不超限。

(3)偏心销磨损不超限。

7. ZK4 型电空转辙机电磁阀检修有何要求？

参考答案：

(1)电磁阀、滑阀、单向阀、电磁锁闭阀动作灵活。

(2)无卡阻，无噪声，无漏风，无回风。

8. ZK4 型电空转辙机自动开闭器检修有何要求？

参考答案：

(1)外观无裂纹。

(2)小拐轴用胎具校验角度符合要求，不符合应更换。

(3)拉簧不损伤，拉力良好。

(4)轴孔超限时更换。

(5)整修接点。

(6)油饰。

9. ZK4 型电空转辙机安装气动元件风管路有何要求？

参考答案：

(1)安装气动处理元件及压力开关调整灵活。

(2)装入风管路，连接紧固、平整。

10. ZK4 型电空转辙机安装配线有何要求？

参考答案：

(1)配线安装校验。胶木插座无裂纹，插片无氧化，弹片外观良好。

(2)配线正确，无断股。

11. ZK4 型电空转辙机入所修的修后检查工作步骤有哪些？

参考答案：

(1)通风试验。

(2)测试电气特性。

(3)填写“ZK4 型电空转辙机检修记录表”。

12. ZK4 型电空转辙机入所修作业电磁先导阀检修有哪些内容？

参考答案：

(1)电磁先导阀体无裂纹、无渣。

(2)电磁先导阀线圈无损伤，电阻：68 Ω±4 Ω。

(3)电磁先导阀绝缘大于 25 MΩ。

(4)衔铁平直、光滑，无毛刺。

13. ZK4 型电空转辙机入所修作业滑阀检修有哪些内容？

参考答案：

(1)滑阀体内孔光洁、无划伤，结合面平整。

(2)滑阀杆平直，光滑无毛刺、划伤。

(3)滑阀隔套、垫片结合面平整、无划伤。

14. ZK4 型电空转辙机入所修作业气动处理元件、风管路检修有哪些内容？

参考答案：

(1)气动处理元件无漏风、漏油、返油现象，调整灵敏可靠，更换压力开关 O 形圈。

(2)风管路无漏气，连接牢固、平直。

(3)弯管组成平直，安装牢固，无漏风。

15. ZK4 型电空转辙机入所修作业电磁锁闭阀检修有哪些内容？

参考答案：

(1)电磁锁闭阀体无裂纹、变形，内部清洁，丝扣良好。

(2)阀头开闭手柄可靠，衔铁平直无毛刺、卡阻，弹簧复位作用良好。

(3)压盖无裂纹、变形。

(4)二极管性能良好。

(5)油饰良好。

第八章　实践与应用

第一节　设备提高与应用

随着铁路不断地提速，对信号设备运用的稳定性提出了更高要求，同时为提升现场天窗修作业效率，降低现场设备维修工作量，减少对运输生产的影响，检修基地车间针对转辙机在现场使用中存在的缺陷不断进行探索研发，从源头抓起，陆续对转辙机各部件进行了改进，通过现场实践取得了较好的效果。

一、ZD6 惯性轮电动机

现场适用的 ZD6 型电动转辙机在转换到位后电动机会出现反转的情况，严重时会导致道岔断表示故障，为了解决这一隐患研发了惯性轮电动机，在电动机转子头部加装了一个惯性轮，惯性轮通过 4 个弹簧和碳纤维棒与转子轴形成了一个软连接，通过惯性轮的惯性能很大程度上抵消电动机反转力，使电动机不再反转。目前已经有很多电务段使用了该电动机，反馈效果很好，如图 8-1-1 所示。

图 8-1-1　惯性轮电动机

二、减速器 205 轴承更改为滚柱式

原 50 kg/m 钢轨的交分道岔使用 ZD6-D、H 型电动转辙机牵引尖轨，特别是用于牵引四根尖轨的电动转辙机负载较大，减速器内部的 205 轴承承载的力也较大，长时间使用下 205 轴承上的保持架易受损碎裂，造成减速器内部卡阻，引发设备故障。为了减少故障发生，将 ZD6 型减速器 205 轴承统一更改为滚柱式轴承，以克服由轴承不良引发的故障。

三、双点嵌入式摩擦带

转辙机摩擦带属于干式摩擦，但由于转辙机内部油脂挥发后会附着在减速器内齿轮伸出端，以及半金属摩擦带本身研磨下的粉末也会存留在内齿轮和摩擦带间，使摩擦带作用变差，现场经常需要更换摩擦带。为了方便现场更换，缩短更换时间，减轻现场工作量，特改变了摩擦带与夹板间的固定方式，由稳定紧固更改为嵌入式结构，如图 8-1-2 所示。

图 8-1-2　双点嵌入式摩擦带

四、减速器加强弹簧、加厚螺母使用

转辙机在现场使用时经常会发生因调整弹簧相邻圈间隙不足 1.5 mm、减速器摩擦力无法加大的缺点，为了克服故障电流不能调整的问题，对弹簧的弹性和强度进行了加大，同时为

了防止螺母受力过大产生滑扣的隐患，两者同时进行了改进，改进后的减速器能增加设备使用时间，减少了处理和更换的频次，减轻了现场工作量，如图 8-1-3 所示。

图 8-1-3　减速器加强弹簧、加厚螺母

五、减速器油脂填充

减速器内部及各轴承进行油脂填充时油脂填充量规定为填充空间的 1/3，避免油脂填充过多时影响减速器空载电流和造成油脂溢出，过少时又不能满足运用周期内设备油润的要求。

六、电动机碳刷磨耗标记化

电动机在现场长时间使用时，碳刷会有不同程度磨耗，特别是运用频繁道岔上碳刷磨耗更快，为了方便现场检查碳刷是否已磨耗到限(碳刷长度低于 9 mm 时须更换电动机)，在碳刷长度 10 mm 处划上一条黄色标线，当现场日常通过电动机窗口检查发现碳刷上已露出标线时则需组织更换电动机，避免了因碳刷磨耗导致碳刷接触不良故障发生，如图 8-1-4 所示。

图 8-1-4　电动机碳刷磨耗标记化

七、接点压力调整适当

自动开闭器接点压力设定上下限，下限不低于 8 N，上限不高于 10 N，这样最大限度避免因接点压力不足时发生接点接触不良和压力过大加速接点磨耗的缺陷发生。

八、转辙机密封补强

转辙机动作杆、表示杆毛毡外侧加装牛筋防水垫，孔套与机壳侧壁接缝处加装防水圈，通过增加防水垫较好地提高了转辙机的防水性能。

九、自动开闭器零部件改进

1. 拐轴销：取消开闭器上拐轴销内铆接的方式，采用外铆接方式。改进原因：一是内铆方式铆接不良时现场不利于检查，二是内铆方式铆接不良时拐轴销会直接窜出发生故障。

2. 挡销板：由原有的挡销板单边卡在连接销上的方式改为左右卡槽的方式，提高了挡销板使用的可靠性，如图 8-1-5 所示。

图 8-1-5　防窜挡销板

十、接点擦拭卡具

为了防止现场职工在对接点擦拭时扳动接点片使接点压力产生变化，制作了接点擦拭卡具，当现场作业人员在对静接点进行擦拭时，将卡具卡在静接点组上，卡具挡住了静接点片向外移动的可能，解决了擦拭时将接点扳动变形的隐患，如图 8-1-6 所示。

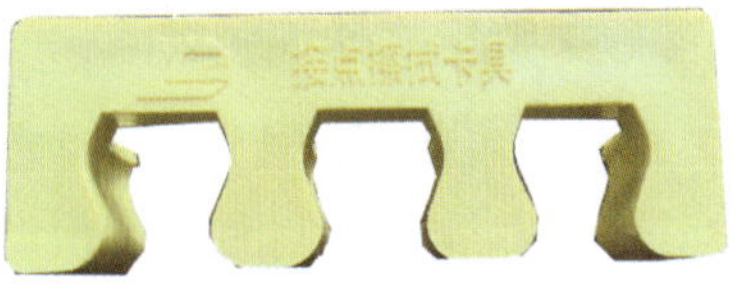

图 8-1-6　接点擦拭卡具

第二节　检修辅助工装设备

检修基地在转辙机检修中配备了多种机具工装，对提高检修效率和设备检修质量起到很大作用，下面对常用机具工装进行简介。

一、电动机老化台

电动机老化台（图 8-2-1）能对检修后的电动机进行老化试验，对电动机碳刷与换向器间的接触面积进行细磨，确保接触面积达标，特别是对更换碳刷后的电动机研磨后效果更明显。

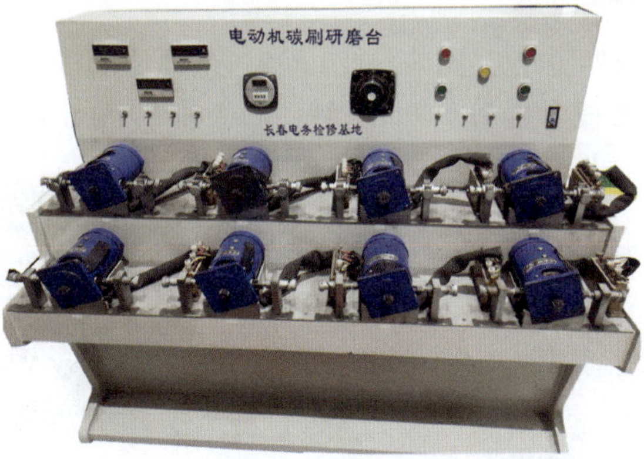

图 8-2-1　电动机老化台

二、顶杆测试数显尺

顶杆测试数显尺（图 8-2-2）可直接显示顶杆与齿条块上平面的高度差，测试更方便快捷，减少测试误差。

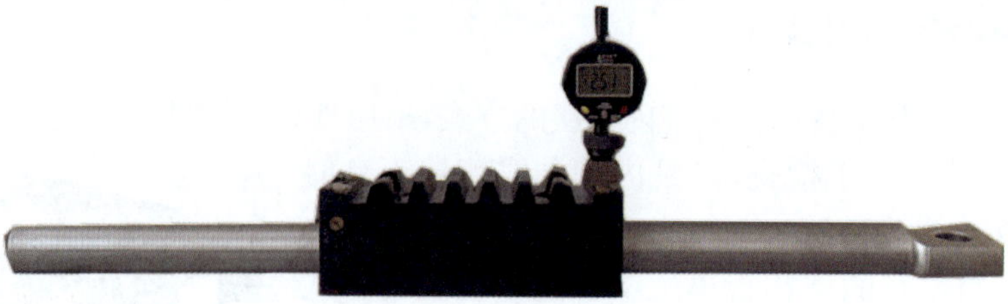

图 8-2-2　测试顶杆数显尺

三、数控线环绕制机

转辙机预制配线时，通过数控线环绕制机(图 8-2-3)对线环进行电动绕制，电动绕制线环速度可调，线环绕制圈数可预设在机器内，当线环绕制圈数到设定圈数时机器自动停止，既提高了作业效率又能确保线环绕制大小符合标准。

图 8-2-3　数控线环绕制机

四、转子换向器抛光机

将转子置于转子换向器抛光机(图 8-2-4)上，通过电动控制转子转动，来实现对转子换向器表面氧化面的研磨与抛光处理，转子抛光时转动速度可调，抛光及检查转子更方便。

图 8-2-4　转子换向器抛光机

五、主轴拆装工装

通过机具(图 8-2-5、图 8-2-6)完成对主轴的拆装作业，防止在拆装中用别、卡、敲等方式对主轴造成损伤。

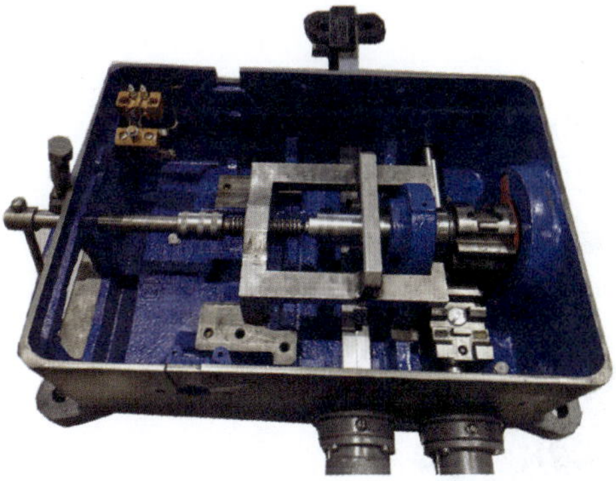
图 8-2-5 主轴安装工装

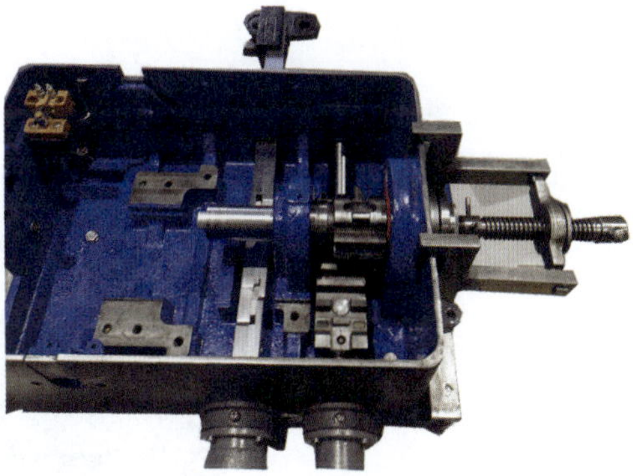
图 8-2-6 主轴拆卸工装

六、接点压力测试仪

接点压力测试仪(图 8-2-7)测试接点压力更简单,数显方式读数直接、快捷。

七、电动机碳刷研磨机

电动机碳刷研磨机(图 8-2-8)可对新碳刷进行研磨,使碳刷与换向器接触面能做到初步吻合。

图 8-2-7 接点压力测试仪

图 8-2-8 电动机碳刷研磨机

八、零部件清洗机

零部件清洗机(图 8-2-9)能实现对分解后的减速器、主轴、齿条块等零部件进行自动清洗，代替原有的手工汽油清洗部件的作业方式。

图 8-2-9 零部件清洗机

九、喷 砂 机

替代原有的火碱脱漆方式，使用喷砂机(图 8-2-10)更符合环保要求，能实现自动喷砂作业。

图 8-2-10 喷砂机